红色记忆® 27

彭德怀在太行的故事

海南省文化交流促进会　编

南海出版公司
2013 · 海口

图书在版编目（CIP）数据

红色记忆·第1辑·27 / 海南省文化交流促进会编．
—海口：南海出版公司，2013.10（2025.1 重印）
ISBN 978-7-5442-6827-1

Ⅰ．①红… Ⅱ．①海… Ⅲ．①革命传统教育—中国—
青年读物②革命传统教育—中国—少年读物 Ⅳ．① D642-49

中国版本图书馆 CIP 数据核字（2013）第 218891 号

HONGSE JIYI · DI 1 JI · 27
红色记忆·第1辑·27

作　　者　海南省文化交流促进会
总 策 划　刘　栋
顾　　问　贾延岩
执行总编　任在齐　张　桐　张爱国
责任编辑　聂　敏
封面设计　郑广明
排版印务　何怡欣
发行总监　杨成春
出版发行　南海出版公司　电话：（0898）66568508　66568511
社　　址　海南省海口市海秀中路 51 号星华大厦五楼　邮编：570206
电子信箱　nhpublishing@163.com
经　　销　新华书店
印　　刷　天津睿意佳彩印刷有限公司
开　　本　787 毫米 ×1092 毫米　1/16
印　　张　6.5
字　　数　100 千字
版　　次　2013 年 10 月第 1 版　2025 年 1 月第 2 次印刷
书　　号　ISBN 978-7-5442-6827-1
定　　价　39.80 元

序

对历史无知的人，没有真正的信仰可言；没有信仰的人，不可能拥有美好的理想，不可能胸怀崇高的情感，也就不可能担负起任何责任。用欲望文化代替历史教育，足以使一个国家的青年被腐蚀、使一个民族的希望被毁掉，使这个国家和民族被永世万代地奴役！

鉴于此，我们呼唤历史，唤回那段属于二十世纪的“红色”历史，唤回那段炮火硝烟、颠沛流离的历史，唤回那冲天的狼烟留下的悲壮回忆、岁月年轮沉淀的斑驳痕迹。历史不应该被忽略，更不应该被遗忘，牢记那段革命战争年代的红色历史更是责任。为了那些不应该被忘却的记忆，为了那些不应该被丢弃的信念，于是就有了这套《红色记忆》丛书。

曾记否，当草鞋与意志丈量出来的两万五千里穿越一个伟大民族五千年的荣辱兴衰，革命的火种被一路播撒、一路点燃。人迹罕至的雪山、荒无人烟的草地被鲜血浸透，衬映出一段光辉的里程；万水千山早已被远远地抛在身后，一轮红日在黄土高原磅礴而起。满目疮痍的河山在1936年10月温暖如春……

曾记否，当生命和鲜血浸染的十几年光阴将一种记忆铭刻进一个伟大民族的历史画卷，革命的火焰从星火到燎原。这栏杆拍遍、易水悲歌般的呼号，这折戟沉沙、慷慨赴义的悲壮，这铁马冰河、枕戈待旦的苦战，这红旗漫卷、所向披靡的豪迈……腔腔热血、铮铮铁骨早已被熔铸成一座不朽的丰碑，中华民族从苦难中百死后生的壮丽诗史凝结成了五星闪耀的红色记忆。

曾记否，中华人民共和国成立以来，又有无数英烈接过前辈用鲜血染红的旗帜，或壮怀激烈戍边卫国，或忠于职守鞠躬尽瘁，或绝甘分少奉献大爱，甘做国家强盛、人民富裕的铺路石，成为和平年代民族复兴的荣光，把人民心中的红色记忆浸染得分外鲜艳，永不褪色。

这红色记忆，是信念不衰、志向不改的崇高气节；这红色记忆，是无私无我、生属苍生的博大胸怀；这红色记忆，是敢为人先、披荆斩棘的拓荒精神；这红色记忆，是中华民族最宝贵的精神财富。它告诫我们，人事有代谢，传承无绝期。缅怀先烈精神，继承先烈遗志，是社会的道德和民族的良心，是后来者须臾不可忘怀的本分。

老一代人把历史的真实交付给我们，我们有责任用真实还原历史，传承给下一代，把那段岁月与现在年轻人的生活连接到一起，使他们眼中的历史变得立体、真实、可靠，让历史成为他们前进的动力。本丛书将那些流动的、随时会飘散在时间天际的事件凝固下来，希望透过这些文字、图片，感受到英雄们那坚定的革命信念，感受到那个年代澎湃的革命激情，真切体会那段“红色历史”。

忘记历史，就意味着背叛。让我们重温历史，缅怀先烈，从中汲取力量，毅然前行。

刘栋

目录 CONTENT

录

CONTENT

彭德怀在太行的故事

文/孟　红

彭德怀

彭德怀（1898 年—1974 年），湖南湘潭人。1926 年，参加北伐战争。1928 年 4 月加入中国共产党。1934 年 10 月率部参加长征。抗日战争全面爆发后，任中共中央军委委员、八路军副总指挥（第十八集团军副总司令）、中央军委副主席兼总参谋长等职。解放战争时期，任西北野战军（后为第一野战军）司令员兼政治委员、中国人民解放军副总司令等职。中华人民共和国成立后，任中央人民政府人民革命军事委员会副主席。1950 年 10 月，出任中国人民志愿军司令员兼政治委员，指挥中国人民志愿军入朝参战。1955 年 9 月被授予中华人民共和国元帅军衔和一级八一勋章、一级独立自由勋章，一级解放勋章。

抗日战争时期，彭德怀作为八路军（国民革命军第十八集团军）副总司令，一直带领八路军前方总部奋战在太行山抗日根据地。在那些风雨岁月里，彭德怀的足迹所至，留下许多感人的故事。这些点滴平凡事，折射出他那极其高尚的人格魅力。

战友情深

在抗日战争时期，彭德怀与八路军总司令朱德这一对亲密的战友并肩战斗，配合默契，相互关心。太行山根据地的人们总是把他俩的名字联系在一起，亲切地称呼他们为“我们的朱、彭总副司令”。

1937 年 9 月，八路军在东渡黄河挺进晋西北途中，路过太原，总部首长住进了太原八路军办事处。彭德怀眼见日军大举进犯，太原城内一片混乱，敌特奸细猖獗，国民党内派系斗争异常激烈的形势，十分担心朱德的安全。当晚，他专门召开了保卫会议，亲自查看了朱德的住房、院子的内外环境和办事处周围的状况。然后，又布置了双岗双哨。直到朱德多次催促让他回去睡觉，他才应付着和衣躺下。

每隔一小时，彭德怀就要起来走到院外检查岗哨，并亲自巡逻察看一番。秋露打湿了衣服，寒气侵袭着身体，他全然不顾。他把保卫朱德和总部领导同志的安全作为自己的神圣职责。当哨兵劝他放心去休息时，他严肃认真地说：“总司令年纪大了，在火车上一直没有好好休息，工作又那么紧张。只要保证了他和总部机关的安全，我自己少睡点也是不要紧的。白天行军，骑在马上还是可以补充睡觉嘛！”

总部进驻五台县南茹村后，正值深秋季节。北方天气早寒，彭德怀的胃病犯了，但他一直忍着疼痛指挥部队。

朱德知道这一情况后，直接找来管理生活的一位科长，让他关照炊事人员，把彭德怀的饭菜多煮一阵，把食盐炒一下，不要直接往饭里放生盐。朱德还向大家讲述了彭德怀在长征过草地时因为吃生青稞落下胃病的经过。

彭德怀一见专门给他做了病号饭，就生气地说：“这还行？总司令那么大年纪了还吃大锅饭，我怎么能搞特殊？”管生活的同志向他做了解释后，彭德怀说：“盐可以热炒一下，但饭还是跟战士们一道吃！”

朱德与彭德怀在太行山上

1939 年夏季，总部移驻武乡县砖壁村。当时，这个村子在日军“九路围攻”中，许多房屋被烧毁了，老百姓居住条件十分紧张。总部重要机关都进驻在村东玉皇庙里。

为安全起见，彭德怀安排朱德住进村北一座安静隐蔽的新窑院，自己却住

八路军向太行山挺进

在庙内的一间小祠堂里。

朱德见彭德怀住的地方很不安全，便一再劝说他也住进新窑院。

彭德怀谢绝道："我住在这里便于招呼各科的工作，你住在老乡院子里安静些，好运筹抗战大事。"

秋天，总部搬到了王家峪村。当时，由于敌人的经济封锁，部队生活异常艰苦。总部首长和战士们一样，每天吃着黑豆，喝着高粱糊糊，穿着打满补丁的土布灰军衣。天凉的时候，彭德怀胃病总犯，朱德就特意让外出执行任务的警卫人员打来山鸡野味送给彭德怀煲汤喝。彭德怀得到山鸡野味后，总要问是否给朱德留下几只？如果未留，他就要给朱德送回一半。

彭德怀不抽烟不喝酒，但因从小生长在南方茶乡，有喝茶的习惯，买不到茶叶时，就采集酸枣叶子代替茶叶泡着喝。一次，有人从外地给朱德买来一包红茶，朱德原封不动地送给了彭德怀，并关心地说："给你一包真正的茶叶改善一下吧，总比喝酸枣叶子强。"彭德怀十分感动，他对这包茶叶特别珍惜，每次喝时，只放一小撮，还总要连续浸泡七八次。

有一次，彭德怀得了重感冒，发高烧，喉咙疼得吃不下饭。朱德得知后，亲自带着医生前去看他。听医生说需要白糖清热下火，朱德马上把自己仅有的一小包白糖送给了彭德怀。彭德怀深为感动。

平常的日子里，彭德怀每次外出回来，总要亲自过问朱德的饮食起居，吩咐朱德身边的工作人员好好照顾朱德。

1940 年春暖花开之时，朱德计划赴重庆同国民党谈判，途经洛阳时接到党中央命令回了延安。因走得匆忙，他的所有衣物用具以及一些纪念品等都未来得及带上，还留在八路军前方总部。

彭德怀为此特意派出了一支精悍的小部队，辗转绕道，把朱德的所需物品全部护送到延安。临行前，他还叮嘱说："这些珍贵的纪念品是我军将士们在战场上用生命和鲜血换来的，途中要加倍小心保护。"并说："朱总的一财一物，哪怕是一本书、一支笔、一枚放大镜，也不能丢失损坏！"紧接着，彭德怀又用电台与沿途地区的军政领导进行了联系，让各部队协助接送。直到朱德从延安发来电报，说物品已全部收到，彭德怀才长长地舒了一口气。

忍病让药

由于敌人的军事围攻和经济封锁，八路军药品紧缺。警卫人员偶然遇到一些治疗肠胃病的药品时，总要赶紧设法买下，珍藏在身边，待彭德怀病痛时用。

1940年夏季的一天，彭德怀得知远在黎城县西井村的老战友滕代远急性肠胃炎发作，病情十分严重。他马上通知卫生部派出最好的医生前往救治。由于放心不下，他还把自己珍藏的肠胃药全部带上，亲自前往探视。

彭德怀见滕代远脸色蜡黄，出现浮肿，十分焦急。他一面安慰滕代远安心治病，一面组织医疗力量努力诊治。

滕代远见彭德怀带了自己备用的珍贵药品亲自前来探视，心情格外激动，紧紧握着这位老战友的手道谢不止。

由于总部工作繁忙，彭德怀不能久留。临走时，他要把带来的药品全部留下。滕代远知道彭德怀也患有严重的肠胃病，身边离不了药品，就谢绝道：“彭总，我知道你的肚子也不好，这些药品你就拿回去吧，我已经不碍事了。”

彭德怀笑一笑，说：“眼下这种药很紧缺，还是给你留着吧！我的身体现在比你强，就是犯了病，我也有法子对付它。”说着，他把挣扎着想下床送行的滕代远按在床上，又把药品放在床头，然后两人依依握别。

由于来去匆匆，吃不好，睡不好，在回去的路上，彭德怀的胃病又犯了。开始的时候，他还能勉强骑在马上，使劲用手按着胃部坚持一阵，到后来，疼得脸上汗珠直冒。他实在支撑不住了，才在警卫员的再三苦劝下，在一个村子里下马休息。此时，正好有老乡经过，告诉他们村里有家药铺。于是，彭德怀在警卫员的搀扶下，来到药铺。卖药的掌柜经过仔细寻找，居然找到了几粒治疗胃病的西药片。彭德怀的警卫员如获至宝，立即掏钱全部买下。

就在这时，恰巧有个老乡急匆匆走进药铺，说是家中有人害肠胃病，前来买药。药铺掌柜告诉他药刚刚已经都卖光了。买药的老乡很是失望，可又无可奈何。

彭德怀见那个老乡愁苦着脸正要离去，就叫住了他，然后对警卫员说：“把那些治肠胃病的药交给老乡用吧。”

警卫员一听急了：“那你的病怎么办？”

彭德怀十分严肃地说：“你没听见吗？他家有病人急需这种药，我们怎么能光顾自己不顾别人！”

那个老乡见这位军人主动让药，心里非常感激，拿到药片后千恩万谢地走了。警卫员气恼得哭丧着脸，蹲在一旁，一声不吭。

彭德怀看了看警卫员，过去拍了拍他的肩膀说："别生闷气了，去找点儿石灰来，有了石灰就可以治病了。"

在彭德怀的再三催促下，警卫员才去村里找来一小块干净的石灰。

彭德怀把石灰放进盛水的茶缸里，等水澄清后，把石灰水一口气喝了下去。喝罢，他哈哈一笑，说："你们不要看不起石灰，其实，这东西还真有两下子呢！肠胃病发作时喝点石灰水，肚子就不太疼了。这就和民兵打鬼子一样，尽管日本鬼子看不起我们的民兵，可要是半路上突然跑出一伙'土八路'来，真也会把他们吓一大跳呢！"

然而，石灰水并没有缓解彭德怀的病情，他一路上仍然胃痛。待回到总部时，夜已经很深了。

陈赓的"闭门羹"

1940年春，陈赓被任命为太岳军区司令员。当他去八路军总部彭德怀副总司令那儿报到时，却吃了个闭门羹。

事情是这样的：见到彭德怀的时候，陈赓像往常一样，恭恭敬敬地敬了个军礼。哪知彭德怀回过头来，冷冷地看了他一眼，没有吭声，又扭过头去继续看他的文件。陈赓见彭德怀没有搭理自己，感到十分纳闷。

陈赓忙退出门来，向总部机关的同志打听究竟。"彭总今天是怎么啦？是不是跟谁生气了？"大家都回答没有。这时，陈赓便把刚才见彭德怀的情况讲了出来。这一来，不少同志也感到不解，你一言、我一语地纷纷猜测起来。因为陈赓平时大大咧咧的，有人就问他："你是不是见了彭总后有什么不规矩的地方？"陈赓连忙回答："绝对没有，我敬礼后看彭总没有回话，站在那里好半天没敢动一下。"大家吵吵了一阵，谁也说不出个所以然来。

彭德怀副总司令亲临前线指挥作战

这时，有个细心的人发现陈赓没扎绑腿，于是便提醒说："也许是你没扎绑腿吧？"陈赓听了，心里一震。谁都知道，彭德怀对部队的军容风纪一向抓得很严，尤其是对总部机关的干部、战士一样要求，谁要是歪戴个帽子，或是把捆草鞋的麻绳染上颜色，抑或在军装上多缀个扣子，他非批你一顿不可。于是陈赓赶紧扎好绑腿，再次去见彭德怀。

这回，当陈赓敬完礼之后，彭德怀回过头来，神情严肃地问："你知道我为什么生你的气吗？"陈赓不好意思地回答："是我没扎好绑腿。""对了，就是这个问题。"彭德怀语重心长地说："我们

当领导的，首先应当给战士做好表率，这样说话、发号令才能有力量。你现在当了司令员，我看到你的毛病要是不管，将来你要是回去上任了，谁还敢惹你这个大司令呀？”

看到陈赓诚恳地接受了批评，彭德怀这才和他谈起了工作。

一次讲演

1943年春季的一天，辽县（今左权县）云头底的一个山坡上，从早饭之后便陆陆续续地坐上了人，八路军野战政治部将在这里召开一次宣传教育工作会议。当主持会议的野战宣传部副部长王东明宣布“今天由彭副总司令向大会作报告”时，会场的气氛一下子变得安静起来，大家的注意力高度集中，有的同志为了回去便于传达，早已做好了认真记录的准备。

彭德怀神情严肃、很有条理地开始了讲演。

他首先给大家分析了华北抗战的严峻形势，用了一些数字和具体事例，对整个华北敌我态势和发展趋势了如指掌，娓娓道来。大家竖耳聆听，心里亮堂了许多。

接下来，彭德怀明确地提出今后的两年是“最困难的两年”。他还进一步辩证地阐明形势发展的特点是“胜利愈是接近，困难愈是增多”。

彭德怀通过对事实的剖析，引申出富有说服力的论断：“敌人越接近死亡，越会残暴、疯狂地对我根据地进行封锁，使今后斗争极为残酷。这不是敌人强大的表现，恰恰是敌人垂死挣扎、没落失败的象征。”他还警告：“在今后物质困难增多、政治复杂的斗争中，有些人是会昏头昏脑地被淹死的。”

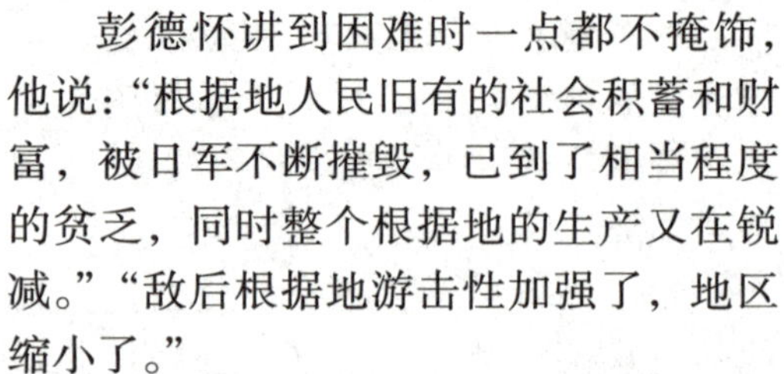

彭德怀讲到困难时一点都不掩饰，他说：“根据地人民旧有的社会积蓄和财富，被日军不断摧毁，已到了相当程度的贫乏，同时整个根据地的生产又在锐减。”“敌后根据地游击性加强了，地区缩小了。”

怎么样才能克服困难呢？彭德怀传达了中共北方局有关决定的精神：“主要的办法：精兵简政，减轻人民负担，保持人民抗日生产的热情和积极性，这才能达到熬时间，积蓄力量，争取最后胜利的目的。”

当讲到军队要帮助农民春耕的时候，彭德怀说了一个故事：“我听说司令部机关有个规定，首长的乘马不参加运输和帮助农民耕种劳动。我就问作出这个决定的同志，他的理由是‘战马不能担任勤务劳动’。我说，‘我还要劳动，为什么马比我还要尊贵，我去劳动，它也得干活’。现在我们处在严重困难的关头，战马也得下地！”说到这里，他和大家一起笑了起来。

大家被彭德怀的讲演吸引住了，不知不觉一上午就过去了。直到附近单位的吃饭号吹响了，彭德怀才从容地结束了讲演：“困难尽管是极其严重的，但是，我们完全有力量战胜它。我看，最大的困难不是别的，而是我们有的干部不认识困难。同志们啊，对困难要有足够的认识才对！”

抗日自卫队的“劳武结合”

在中国共产党的领导下，太行山区的许多村庄都成立了抗日自卫队，对侵略者发动了声势浩大的人民战争。但是，开始的时候，由于缺乏经验，自卫队的活动都比较机械、简单。

一天，彭德怀在外出视察工作归来

彭德怀与夫人浦安修

的途中，正巧碰上武乡县砖壁村抗日自卫队进行军事训练，他就在训练场边上驻足观看。

当彭德怀看到自卫队的队员们大都是拿着一些木棒互相对打几下，或是站起队练练操，既呆板又单调，毫无实战意义的情形时，心中很是不安。于是，他让领队把自卫队队员们集合起来，又让警卫员拿来一支三八式步枪，向自卫队队员们讲解步枪的性能和使用方法。同时，他还针对山地作战的特点，向大家讲解了如何妥善隐蔽自己和有效打击敌人。

不仅如此，为了让这支自卫队迅速成长起来，彭德怀还特意派出总部从事民运工作的同志在砖壁村进行蹲点指导，帮助村干部加强对自卫队的建设。

经过一段时间的认真整顿和严格军训，很快，自卫队队员们就掌握了埋地雷、投弹、刺杀、瞄准和打靶等军事常识与技能。可是，当时步枪十分缺乏，就是八路军战士也有不少人背着大刀和红缨枪，自卫队更是连一支枪都没有。每次打靶，他们都要借用八路军战士们的枪支。

有一天，彭德怀再次来到了自卫队的军训场。这时，一个拿着木棒的小队员走了过来，对彭德怀说："八路同志，俺们都想学本领杀鬼子，可俺们这么多人连一支枪也没有，要能给俺们几支真枪就好了。"

彭德怀笑了笑，和蔼地拍了拍小队员的肩膀说："噢，对木棒有意见了？为了打鬼子，想拿个厉害的家伙是不是？"他见小队员肯定地点了点头，就放大嗓门对场上的自卫队队员们说："好！枪，可以给你们一点。不过，得附加一个条件：我先借给你们几支，以后你们必须从敌人手里夺回来还给我们！怎么样？"

"好！"自卫队队员们一听有枪，马上活跃起来。

当天，彭德怀亲自批准，给砖壁村自卫队调拨了一部分枪支。这一下，可把队员们乐坏了，他们日夜操练，斗志昂扬，跃跃欲试，不少队员成了出色的射击手。

这年夏天，一小股日军到了砖壁村"扫荡"，自卫队紧密配合八路军，巧妙地把敌人引进山沟，打了一个漂亮的大胜仗。自卫队英勇奋战，缴获了敌人一挺转盘机枪和几支三八式步枪，受到了八路军总部和上级党委的嘉奖。

然而，由于当时人们对自卫队的性质和任务缺乏明确的认识，有些人以为抗日自卫队就是配合八路军站岗放哨打敌人的，从而出现了放松生产的倾向。

一天早晨，彭德怀来到砖壁村后面的山坡上散步。太阳已经升得很高了，才有两个年轻人扛着锄头晃晃悠悠地从村口走出来。彭德怀见此情景不禁皱了皱眉头。待他们走到跟前，彭德怀问："你们怎么太阳晒屁股了才下地呢？"他们有点不以为意，说："就这还算俺们先进着呢，这阵儿还有人仍然赖在被窝里不动弹呢。"

尽管这只是一次偶然的相遇，却引起了彭德怀的高度重视。回村后，他找到砖壁村党组织负责人马相模说："相模同志，咱们村的抗日自卫队搞得不错，跟鬼子作战敢打敢冲，机智灵活，还缴获了敌人的不少武器，这是应该表扬的。可是，有人当了自卫队队员后，对搞生产看轻了，早上睡懒觉了，这种思想不对头。我们必须明确，抗日自卫队的任务有两条，一是配合八路军消灭敌人，二是积极搞好生产，多打粮食，支援抗战。自卫队不能光打仗不生产。搞不好生产，没有粮食吃、没有衣服穿，抗战就不能胜利。为了抗战，我们八路军还开荒种地呢。你们村干部要好好商量一下，教育抗日自卫队队员既要配合打仗，还要把生产搞好。"

马相模听了点头称是，心里暗自佩服。他同村干部们商量后，马上把彭德怀的话传达给了每个自卫队队员。大家都说："彭总说得对，咱们不但要多消灭敌人，还要把生产搞好，既当战斗英雄，又当劳动模范。"

（本文选自中国共产党新闻网）

彭德怀在延安

刘伯承——智计过人一军神

文/徐　焰

刘伯承

刘伯承（1892年—1986年），原名明昭，字伯承，四川开县（今属重庆）人。中国无产阶级革命家、军事家，军事理论家，中国人民解放军创建人和领导人之一。1926年5月加入中国共产党。长征中，于1934年底重新担任红军总参谋长，并兼任中央纵队司令员，指挥先遣部队强渡乌江，智取遵义。抗日战争全面爆发后，任八路军第一二九师师长。解放战争时期，历任晋冀鲁豫军区、中原军区、第二野战军司令员。1955年9月被授予中华人民共和国元帅军衔和一级八一勋章、一级独立自由勋章、一级解放勋章。

长征胜利后，刘伯承（前排右二）等在甘肃镇原留影

刘伯承1892年出生于四川省开县农村。因父亲是个务农兼教私塾的“泥腿文人”，刘伯承从小就被督促读书练字，后靠族亲资助入县城高等小学堂。十五岁时父亡家贫，刘伯承回家务农，还到镇上卖字。1912年，他到重庆考入军政府将校学堂，毕业后被分配到川军当司务长、排长，此后因善于用兵在战火中职务不断提升。在丰都战斗中，一颗子弹从他的右太阳穴钻入，又从右眼飞出。德医诊所为他施手术共割七十四刀，他以当年关公刮骨之气概忍受疼痛。那个傲慢的日耳曼军医手术后称赞他是“军神”。

刘伯承虽被称为川军名将，却痛感旧军队和官场黑暗，经同乡共产党员吴玉章启发，他离川到北京等地同赵世炎等结交，接受了马列主义，于1926年4月加入共产党。顺泸起义失败后，他东下武汉，拒绝国民党要人的拉拢。这时，周恩来要到南昌组织起义，他对刘伯承倾慕已久，刚刚相见便邀他做军事助手。1927年8月1日起义时，刘伯承任统辖全军的参谋团参谋长，从而成为中国共产党建军史上第一位总参谋长。

南昌起义部队南下广东失败后，刘伯承转赴苏联，先入高级步兵学校，又入最高军事学府伏龙芝军事学院。1930年回国后到上海，刘伯承立即被中央任命为军委参谋长，党内领导还将他比作古代的兵圣孙子。1932年，刘伯承进入江西瑞金。毛泽东希望他像大革命时办黄埔军校那样，办一个“红埔”。长征到达贵州时，中央又要他复任总参谋长。进入四川后，他因熟悉当地情况，率先遣队行动，抢渡金沙江，又与彝民首领歃血结盟，保证全军安全通过，接着又去指挥抢渡大渡河。

在红军中，他虽是参谋长，却总在第一线指挥，并结合实地考察提出办法。

抗战初期的刘伯承

刘伯承师长（右）和八路军副总参谋长左权在晋东南抗日前线

强渡大渡河时，他亲自站在河岸上组织炮火掩护并调配部队。在安顺场以一条小船抢渡成功后，他又计算以现有渡船全军需一个月才能过河，必须再夺北面的泸定桥。当他率勇士们星夜兼程夺下此桥后，无比激动地上去连跺三脚，说：“泸定桥啊泸定桥，我们为你花了多少精力、多少心血！”

抗战开始后，刘伯承任八路军一二九师师长，率部挺进太行山。在创建晋冀鲁豫根据地的斗争中，他与日军作战时因地设伏，屡创歼灭战的奇迹。蒋介石在1938年洛阳的军事会议上也不得不表扬说，刘伯承智计过人，不愧是军事家。日本第一军专门组织敢死的“挺身队”，深入根据地，偷袭八路军总部并欲刺杀刘伯承等人，刘伯承却以“敌进我进”的态度与之周旋。别人劝他注意安全，他不在乎地说：“自打从军起，我就做好了准备。路死路埋，沟死沟埋，狗吃了得个肉棺材。”

进入抗日前线后，面对狡猾凶悍的日军，刘伯承注意勘察战场设巧计。神头岭伏击战前，司令部先是按地图确定在岭上埋伏，打岭下公路上通过之敌。刘伯承亲自去看地形，发现公路实际是在岭上，连说：“粗枝大叶可要害死人啊！”他及时改变了设伏方案，一战歼灭了日军一千五百多人。刘伯承也注意学习日军的长处，百团大战中关家垴一战后，他马上去看敌人阵地，发现日军临时挖的“猫耳洞”对防炮很有用，便推广到各部队。国内盛传刘伯承是“武神投胎”，其实他打仗巧的原因恰恰在于擅长动脑并深入实践，这也正是革命军队一向提倡的勇敢加智慧的结果。

解放战争中，他与邓小平一同率军挺进中原，决战淮海，进军大西南，在全国五大战略区中担负了打苦仗的重任。

中华人民共和国成立后，刘伯承请辞西南军区司令员等职。当军委问他是否想任总参谋长时，他说，年纪大了，总长已当过四次了，还是去办学校、当教书先生吧！

（本文选自《北京青年报》，有删改）

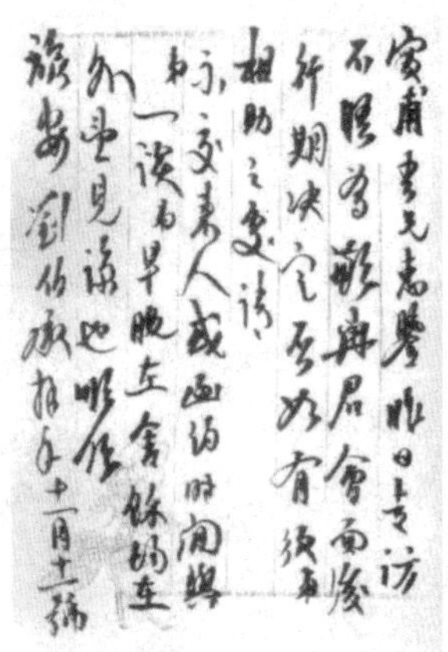

刘伯承手迹

奇谋在握

——忆贺龙同志在绥东卓资山战斗中

文／黄新廷

贺　龙

贺龙（1896年—1969年），湖南桑植洪家关人。1927年加入中国共产党。1935年11月，贺龙、任弼时领导红二、红六军团开始长征。全面抗战开始后，红军改编为国民革命军第八路军，贺龙任八路军第一二〇师师长。1942年6月，他担任陕甘宁和晋绥联防军司令员，为陕甘宁和晋绥两个根据地的建设作出了杰出贡献。在党的第七次全国代表大会上，当选为中共中央委员。1949年12月，贺龙率华北野战军第十八兵团等部，由陕入川，配合刘伯承、邓小平指挥的第二野战军，于成都地区歼敌数十万。1955年9月被授予中华人民共和国元帅军衔和一级八一勋章、一级独立自由勋章、一级解放勋章。

在中国共产党的领导下，中国人民经过艰苦而英勇的斗争，终于打败了日本法西斯侵略者，1945年8月，日本帝国主义被迫宣布无条件投降，中国人民历时十四年的抗日战争，取得了伟大胜利。朱德总司令命令八路军、新四军及华南抗日游击队迅速行动，限期解除日伪武装，责令他们向中国人民投降。我晋绥军区主力部队，在贺龙同志率领下，开赴山西离石、汾阳、平遥、文水等地区，执行限令日伪投降任务，解放晋中广大地区。我们三五八旅在消灭了侵占淳化爷台山的敌人，打退了胡宗南向陕甘宁边区的进犯以后，随即东渡黄河，奔赴山西，先后从日伪手中解放了柳林、离石等城镇。9月间，进至中阳县城郊。盘踞县城的日伪军接受国民党指令，拒不向我投降，我们当即准备予以严惩。正在这时，突然接到贺总发来的急电，命令我旅迅速北上左云，集结待命。当晚，我们把受降任务交给了军分区部队，就兼程北上了。

是什么任务如此急迫呢?

原来，在整个抗日战争时期，一直躲在绥西黄河后套地区的国民党第十二战区部队，奉蒋介石密令，倾巢而出，在日伪军配合下，沿平绥路东下，抢占了我绥东解放区，并企图进攻晋察冀解放区的重镇张家口，形势十分严重。

毛主席指出:“华北方面，我们还要力争，凡能争得者应用全力争之。”“我们的方针是针锋相对，寸土必争。”因此，中央军委指示：晋绥野战军北上绥远，会同晋察冀野战军，发动绥远战役，击破国民党的进攻，解放绥东广大地区，使晋绥、晋察冀和热河解放区连成一片，造成我党我军在华北的有利形势。

贺总一接到毛主席、党中央的命令，立即率领晋绥野战军主力挥戈向北。经过半个月的长途行军，10月初，晋绥野战军除独立第二旅在商都集结外，第三五八旅、独立第一旅、独立第三旅全部按贺总指示，到达左云、右玉地区，进行战役准备。

一天，野战军司令部在左云城关广场召开动员大会。雁北高原的秋天，温差很大，早晨气温极低，越过长城从内蒙古高原吹来的季节风，凉气彻骨。贺总穿着一身土布单军装，精神抖擞地来到会场。他衔着烟斗，笑嘻嘻地走到干部、战士中间，同这个同志打招呼，和那个同志握握手；一会儿向这个干部询问一些情况，一会儿又同那个战士亲切交谈几句，兴致勃勃，谈笑风生。广场上笑声不断，气氛极为热烈。贺总热爱士兵，关心群众，无论走到哪里，他总要先到群众当中走一走，看一看，这是他多年的老习惯。干部、战士热爱贺总，贺总的到来，在他们心里引起了无限喜悦，增添了巨大力量。贺总健步走上了主席台，挥动那有力的手臂，用洪亮的声音进行战斗动员。他首先讲述了抗战胜利后的形势，讲到了上党战役歼灭阎锡山三万五千人的胜利，讲到了我们在晋西北和晋中顺利开展工作的情况。接着，他极其气愤地谈到绥东事态的发展，他说:“绥东解放区是我们绥蒙部队流血牺牲从日伪手中解放的，蒋介石这家伙勾结日伪军，抢走了我们的绥东，还准备进攻整个华北解放区，这是不行的。我们共产党人是不答应的！人民的胜利果实决不能随便丢失。现在，党中央命令我们，同晋察冀老大哥部队一起，反击国民党的进攻，我们要坚决完成这个

抗日战争时期的贺龙

光荣任务。”最后，他叮嘱我们：“过去我们同日本鬼子基本上打的是游击战。现在要大兵团作战，打运动战，两大军区部队要协同作战，这对我们来说，是个新问题。但是，也没有什么了不起，只要我们依靠人民群众，依靠地方党，同兄弟军区团结一致，国民党绥远部队是不经打的。”贺总的话虽然不多，但却在干部、战士的心里点燃了一把通红的战斗烈火。会后，我们立即投入紧张的战役准备中去。战士们还抓紧时间进行了战前练兵。

10月中旬，聂荣臻同志领导的晋察冀野战军主力，在歼灭了东犯张家口的国民党东北挺进军骑兵第五师以后，已在兴和、天镇一带集结完毕。此时，我晋绥、晋察冀两军区部队已集中主力五万余人。中央军委命令，由贺龙、聂荣臻同志统一指挥。

在绥东，国民党军队也集结了五万余人，分别驻在集宁、丰镇、卓资山、陶林、凉城、新堂以及归绥（今呼和浩特）等地，企图待东线国民党军队集结完毕，一起合击我张家口。根据绥东敌军部署，贺总和聂总决定：晋察冀野战军的三个纵队由东向西进攻，分割集宁、丰镇外围之敌，各个歼灭，而后进攻集宁、丰镇；晋绥野战军由南向北进攻，歼灭凉城、天城、新堂之敌后，挥兵向东，配合晋察冀野战军歼敌主力于集宁、丰镇。

10月17日，贺龙同志指挥晋绥野战军北越长城。长城，这伟大的古建筑，在万山丛中，由东向西逶迤而来。虽然它经历了千百年风沙侵蚀，有些残缺不全，但是高高的烽火台在夕阳的余晖中巍峨矗立，仍显得十分壮观，象征着中国人民不屈的战斗精神。我站在长城口上，望着跨城北去的部队。我们的战士们虽然因为国民党长期封锁围困、战斗频繁，衣着单薄而破旧，但是他们一个个精神饱满，斗志昂扬，充满着勇往直前的大无畏革命精神。这时，我又想起了贺总在出发前对我说的话：“我们的部队老战士多，很勇敢，但要注意，不要有骄傲情绪。我们这次到绥东去打仗，要尊重地方党，爱护地方部队，这一点一定要向部队讲清楚。我们是人民的军队嘛！我们的战斗力是由多种因素形成的。热爱人民，拥护政府，这是非常重要的，没有这一条，部队就不能打胜仗。这次去绥东，只要是地方党说的事，你们一定要办；地方部队要枪，你们一定要给；对晋察冀的部队，要主动去团结。打仗是一个全局性的行动，没有友邻部队的配合、支持，怎么能打好仗呢？你们一定要尊重友邻、爱护友邻、团结友邻，这是我们人民军队的光荣传统。”是啊，只有依靠绥东人民，依靠地方党和政府，搞好与友邻的团结，我们才能胜利完成这次北上的战斗任务。贺总的教育，是多么及时啊！

19日，我军攻占了凉城、天城，20日，攻占了新堂。

狡猾的敌人，慑于我两大野战军的锐利攻势，闻风而逃，企图集中兵力，避免遭我各个歼灭。当晋察冀部队发动进攻，我军攻占凉城、新堂以后，驻集宁、丰镇之敌，即开始伺机向归绥附近逃窜。

毛主席说：“战争计划即战略战术的具体运用，要带有灵活性，使之能适应战争的情况。”贺龙同志以一个卓越的军事家善于驾驭战争发展瞬息万变的能力，审时度势，从敌人伺机西撤的动向中，看出了绥东敌人妄想把他那已经分散开来的五指匆忙捏成拳头的企图。在这种情况下，如不灵活地采取及时的、恰当的处置，绥东敌人将很快把兵力全部集中于归绥，这样，不仅不能将丰镇、集宁之敌各个歼灭，而且会给战役的发展造成困难。贺总当机立断，立即改变东向丰镇、集宁的计划，命令我晋绥野战军大胆地实施战役迂回，挥戈向北，直插卓资山，将敌人拦腰斩断，歼灭其有生力量，使敌人“伸出来的手指”收不回去，造成整个战役的有利形势。为圆满实现这一计划，贺总还命令远在商都，由许光达、孙志远同志率领的独立第二旅，经陶林南下，对卓资山形成包围之势。

我们俯视作战地形图，但见：卓资山离归绥城东七十五公里，北靠大青山，地势较高。平绥铁路穿过卓资山，东向集宁、丰镇，西达归绥、包头；两条公路北至陶林，南通凉城，是绥东交通枢纽，归绥之屏障。卓资山，好像一扇大门。攻克了卓资山，对丰镇、集宁之敌就形成了关门打狗之势；而对盘踞于归绥的国民党绥远部队，则是打开了他们的大门，为战役的下一步发展创造了条件。

贺龙与萧克在红军改编为八路军时合影

看着地图，我们几个旅的干部都觉得贺总这一大胆而果断的决策真是英明极了。多年来，我们跟随贺总南北转战，他那卓越的指挥艺术一直是我们学习的榜样。今天，听了贺总的决定，深深感到：这位一生戎马倥偬、久战沙场的革命老将，真是

虎略龙韬，奇谋在握。对于当前他指挥的这场战斗，谁能不充满必胜的信念呢？

当我们到达卓资山附近地域时，发现卓资山的敌人也有逃跑之势。国民党收编的伪蒙骑兵第五师朱恩吾部已从六苏木向卓资山以西逃窜。

24日下午，贺总来到卓资山。他一来，就跑到前沿的一个小山包上找我们去看地形、了解情况。卓资山西侧及东北侧有两个山头，敌人在那里设有集团工事，不时从这两个山头向我们这边打炮。我们十分担心贺总的安全，劝他不要前去。他笑笑说：“打仗还怕炮弹？走嘛！”当贺总了解了卓资山敌人的动向以后，当即向我们指出：应该不失时机地迅速发起进攻，打敌人一个措手不及。虽然我们的部队刚刚赶到，还没有摸清卓资山守敌情况，对地形也不熟悉，远在商都的独二旅尚未赶来，但是如不迅速发起进攻，敌人可能很快逃走，那就会贻误战机。贺龙同志不顾长途奔波的劳累，一面指示我们从速查清守敌情况，一面立刻部署战斗。贺总决定：今天黄昏发起攻击。由我们三五八旅担负主攻任务；王尚荣、朱辉照同志率领的独一旅配置在卓资山东南，准备阻击集宁前来增援之敌，协同三五八旅进行战斗；杨嘉瑞同志等率领的独三旅进占卓资山以西及以北地区，截敌退路，并准备阻击从归绥来援之敌。

这时，前沿部队抓住了几个俘虏，查清了盘踞卓资山的敌人是国民党嫡系何文鼎的六十七军军部及其精锐新编二十六师，他们是刚从集宁赶来的。我们马上把这一情况报告给贺总。贺总一听，精神振奋，指着卓资山方向说：“何文鼎！好嘛。这可是我们的老对头了，一定要敲掉他。告诉部队，要发扬英勇顽强、猛打猛冲的作风，全歼该敌，活抓何文鼎！”我旅政委余秋里同志，立刻把贺总这一有力的号召传达到了部队，并进行了强有力的政治动员。听了余政委的传达和动员，全旅都沸腾了，个个磨刀擦枪，人人斗志倍增，部队的战斗情绪鼓得足足的，高昂极了。

看完地形，贺总又指示我们：“你们三五八旅一定要集中力量攻占龙山湾北侧高地和西山顶高地。这是卓资山的制高点，又是何文鼎的侧后，拿下它，对迅速摧毁何文鼎的防御将起很大作用。”他还一再叮嘱我们：时间急促，要尽可能抓紧时间做好战斗准备，打一个出敌不意的歼灭战。他指示说：“这个歼灭战，要打得快、打得猛、打得好，速战速决，力争全歼。速决，我们才有可能各个歼灭前来增援之敌；全歼，就会使盘踞归绥的敌人士气沮丧，人心不振，为战役的发展造成有利条件。”贺总指挥战斗总是那么高屋建瓴，那么具体、精确，不仅给我们指出明确的突击方向，而且十分重视用毛主席的战略战术思想武装我们。他是那种能“虚心研究，勤于考察和思索”，能导演出许多有声有色、威武雄壮的战争戏剧来的军事活动家。

现在，离发起攻击只有三个小时了。遵照贺总指示，我们抓紧时间部署和下达了战斗任务。

我们的部队曾在1943年6月国民党发动第三次“反共高潮”时，奉中央军委之命回师陕甘宁，担负保卫延安、保卫党中央的任务。那时，贺龙同志也回到了延安，担任陕、甘、宁、晋、绥五省联防司令。1943 年 10 月，毛主席在陕甘宁边区高级干部会议上发出了开展练兵运动的号召：“边区部队今年冬季来一个很好的训练，使我们的战士能够一个人当几个人用。”贺总历来重视练兵，他一贯认为部队训练是人民军队建设的重要内容，所谓“艺高人胆大”，训练能提升战斗力。早在二、六军团南腰界会师以后，他就提出要办随营学校，培养干部；红二、四方面军会合以后，他又特地把富有部队训练经验的刘伯承同志请来，指导训练二方面军的干部。这次，根据毛主席的指示，贺总亲自抓了边区部队的训练工作。他提出了“人人参加，个个都练，以技术训练为主”的冬季练兵方针，要求部队认真贯彻毛主席提出的官教兵、兵教官、兵教兵的群众性练兵方法，充分调动干部、战士的高度积极性。他指示我们：部队训练一定要严格，要扎扎实实；要提倡苦练、巧练，多练几手硬本领；要注意思想、作风、纪律的训练，全面提高部队的战斗力。贺总这些指示，充分体现了毛主席的军事思想，指导我们正确地把握军事训练的方向。在党中央关怀下，在贺总直接领导下，我旅在延安以南的鄜县地区，掀起了一个蓬蓬勃勃的以学习三大技术为主的大练兵热潮。1944 年，贺总又及时地提出了“巩固技术，提高战术”的第二年度训练方针，领导部队再一次开展了以学习战术为主的练兵运动。

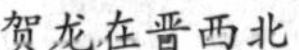
贺龙在晋西北

贺总领导的这两次群众性大练兵，极大地提高了部队近战、夜战和野战的能力，提高了射击、刺杀、投弹三大技术的水平，增强了勇猛、迅速、机智、顽强的战斗作风。经过这次大练兵，我们的战士个个勇猛顽强犹如出山猛虎，人人敢于刺刀见红，个个惯于近战、夜战，部队里涌现出成批的优秀射击手、投弹能手和刺杀标兵。在爷台山反击胡宗南部的战斗中，我们的战士就用刺刀、手榴弹杀出了威风。今天，我们的部队正是带着大练兵运动的优异成绩，迎来了抗日战争的胜利，投入保卫人民胜利果实的斗争中来的。因此，战斗任务一下达，干部、战士的战斗意志极为高昂，求战心情十分迫切。只要贺总一声令下，最困难的任务摆在他们面前，他们也不会皱一皱眉头。他们豪迈地说：“在我们的刺刀、手榴弹面前，何文鼎算个啥？不信，这次让他尝尝我们的厉害。”在卓资山战斗中，我们的战士真正发挥了“一个人当几个人用”的作用。战后总结战

贺龙和夫人薛明

斗经验的时候，我们一致认为，卓资山战斗的胜利是贺总领导的大练兵运动的一个丰硕成果。

晚6时，贺总下达了发起攻击的命令。我旅八团（现为硬骨头六连所在的某部一团）首先向西山顶高地发起了冲击。战士们充分发挥了夜战、近战的特长，发挥了刺刀、手榴弹的威力，勇猛地突入敌阵，占领了西山顶，攻入卓资山。其他各团也从西、南、东三面展开全面进攻。战士们以灵活机动的战术动作，一个小分队、一个战斗小组地猛向敌人纵深楔入，人自为战，互相配合，分割敌人，聚而歼之。英勇的战士，一上阵就准确地投出手榴弹，压制敌人火力；一冲上去，就亮出了刺刀，杀得敌人心惊胆战，乱成一团。何文鼎的部队装备精良，火力很强，但在近战、夜战中，在我英勇顽强的战士面前，在刺刀、手榴弹面前却失去了它的威力，不堪一击。在枪声、手榴弹的爆炸声中，在战士们的刺杀声中，我军摧毁了一个又一个防御工事，歼灭了一股又一股敌人，战斗发展异常迅速。

这一夜，贺总十分高兴。在战斗最激烈的时刻，他衔着烟斗兴奋地对他的警卫班说："你们待在我身边干什么？赶快去参加战斗。我现在用不着你们，一个人也不用！战场上多一个人，胜利就来得快一分。"结果，连炊事员都被他赶到战场上去了，身边没留一个人。这些小伙子，虽然总想着照顾好贺总，但作为一个人民战士，在如此激烈的战斗中哪有不手痒的？首长一开口，一个个就扑向了枪声激烈的地方，连饲养员也缴回好几条枪呢！

这一夜的速决战，打得敌人晕头转向，首尾难顾，狼狈不堪。拂晓前，我军已摧毁了守敌的大部分防御工事，残余的敌人被包围在卓资山东北侧高地上的一个集团工事内，等待着覆灭的命运。

但是，在这兴奋的战斗之夜，也有遗憾的地方。敌六十九军军长何文鼎，这个老奸巨猾的家伙，当我军一开始进攻西山顶高地时，就在其特务营的保护下，偷偷地溜出了卓资山，逃到包头去了。狼狈之中，他连日记都来不及带走，被我们缴获，成了留在人民手里的一份罪证。贺总知道后，遗憾地说："便宜了何文鼎这小子了！"

黎明来临了，东方出现了一片朝霞。卓资山即将重见光明，回到人民的手里来了。这时，东边传来了激烈的枪声，国民党绥远部队的精锐一〇一师从集宁赶来，企图增援卓资山，挽救他们失败的命运。但是，贺总已经把英勇善战的

独一旅摆在那里等着他了！独一旅二团，在俘虏了从卓资山向东逃窜的一部分敌人以后，立即占据了有利地形，顽强进行阻击，给一〇一师以迎头痛击，使它不能前进一步。在西边的独三旅顺利地攻占了福生庄之后，也英勇地阻击了西来的援敌，从而保证了全歼卓资山的敌人。

贺总看到最后结束战斗的时机已经成熟，8 时整，他命令我们发起最后的攻击。我旅集中主力，在四门山炮支援下，猛攻卓资山高地集团工事，10 时许全歼残敌。敌一〇一师在我独一旅阻击下，死伤很大，向西北方向狼狈逃窜，至此，战斗胜利结束。

这是一场漂亮的歼灭战。这一仗全歼了何文鼎的精锐新编二十六师，毙伤敌副团长以下官兵两千余人，俘虏少将副师长以下官兵一千八百余人。敌二十六师中将师长被俘后，在押解途中逃脱。

在胜利的欢呼声中，晋察冀野战军在收复丰镇、集宁以后，到达了卓资山以东的马盖图地区，两大野战军胜利会师。贺总在卓资山热烈地欢迎了聂总的到来。在两位司令员会面的时候，聂总对晋绥野战军攻克卓资山的胜利，热情地进行了赞扬。贺总兴高采烈地对我们说："同志们，我们这两支兄弟部队胜利会师了，现在，我们要一起去打归绥。同志们，晋察冀老大哥远道而来，请他们坐火车，我们用两条腿，同他们一齐去归绥，打国民党！"贺总从来重视同兄弟部队的团结，这次战斗前，反复对我们进行了教育，现在，他又以高度的全局观念，主动地团结友邻部队，为我们树立了学习的楷模。

10 月 27 日，贺总率领我们沿公路直奔归绥。我望着骑在马上神采飞扬的贺总，思潮起伏。心想：跟着贺总打仗真是一种幸福。在他身上，有多少我们学不完的革命精神和指挥艺术啊！

（本文选自中国共产党新闻网）

罗荣桓在李家桑园村

文/宋继民　彭圣学　李　波

罗荣桓

罗荣桓（1902年—1963年），湖南衡山南湾村人（今属衡东县荣桓镇）。1927年加入中国共产党。1936年6月入中国人民抗日红军大学学习，并兼任培训高级干部的第一科政治委员。1937年1月任军委后方政治部主任，7月任第一军团政治部主任。抗日战争初期，任八路军第一一五师政治部主任。1945年6月，被选为中共第七届中央委员。1949年1月任第四野战军政治委员。1955年9月被授予中华人民共和国元帅军衔和一级八一勋章、一级独立自由勋章、一级解放勋章。

妙用竹竿歼顽敌

清朝嘉庆十三年（1808年），李家桑园村秀才李伟基在村北河西岸植竹五亩。经过多年的发展，至二十世纪三四十年代发展到十三处八十余亩，每年每亩可伐竹千余斤。随着竹园的扩大，一部分村民开始学竹器编制，逐渐形成了“人人都会编，高手随处见”的局面。

1942年初冬，一队队穿着灰军装的八路军来到了该村，一一五师代师长陈光、政委罗荣桓及朱瑞、肖华等军政领导都住到了村里。为彻底消灭盘踞在三十里之外甲子山上的国民党孙焕彩部，他们驻村达半个多月，研究部署第三次甲子山战役。在前两次甲子山战役中，因敌军盘踞山头居高临下，火力很猛，给我军造成了很大伤亡。当时，我军的主要爆破工具是炸药包、手榴弹束，而敌人的火力点又高又陡，导致我军的爆破工具很难发挥作用。

有一天，时年十六岁的李家述在河边放牛，远远地看见罗帅正在河岸竹园边散步。竹涛阵阵，翠竹入云，罗帅凝视着竹园，不时驻足沉思……后来，一一五师召集了全村几十名竹匠，让他们用竹竿研制送炸药的小车。经过竹匠和八路军干部的巧手妙思，终于用竹竿做成了专炸敌人火力点的炸药车。车子全用竹子做成，前面用一根长竹竿绑着炸药包，竹竿可以调节长短，车子非常轻便，行动自如，可快可慢。全村竹匠和八路军战士连续干了一天一夜，制作了三十多辆这样的炸药车，还用竹竿做了八十多副轻便担架。

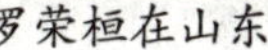
罗荣桓在山东

1942年12月，第三次甲子山反顽战役打响了。战斗中，经过一一五师训练的李家桑园村十二名青抗先队员，帮部队站岗放哨，看押俘虏。另有三十六名村民组成担架队，用自制的轻便竹担架运送军火、抬伤员，并带了从铡牛草机上卸下的二十六把铡刀，专门砍顽军的木桩铁丝网。爆破班的战士们推着竹制炸药车在甲子山的山坡和沟底行动如风，迅速接近敌人的火力点，伸出竹竿做的“长手”将炸药包和手榴弹束塞进敌人的碉堡。随着“轰！轰！”的爆炸声不断响起，敌人的火力点被一一摧毁。敌人的火力一弱，我英勇的八路军战士迅速冲上山头，用较小的伤亡取得了战役的胜利。

炸弹落在罗帅住处的东院里

1943年入夏，陆续有骑着马的人或三三两两或成群结队来到李家桑园村。他们都被山东省战工会、一一五师师部安排在老百姓家住下。过了两天才听说，常维锦家住的八路军大干部就是黎玉，李传潭家东屋里住的是朱瑞，李家明家的堂屋里住的是肖华，几乎家家都有干

罗荣桓与夫人林月琴

部居住。过了近一个月，又来了二百多名干部，还有接近一千人的八路军。他们在庄后的家庙里，用炕席做顶扎起了一个大棚，能坐几百人。在8月中旬，村里的两百多名干部都到家庙里开会去了。家庙后有一条小路通向日照碑廓，西面是宽五十米的绣针河，河两岸是数十亩的竹林和近百亩树林，是一个非常隐蔽而又便于撤退的地方。家庙周围层层设岗，大门口站着端着三八大盖的八路军，除了开会的，连只鸟也飞不进去。当时李家述是村里的青抗先队员，负责在家庙后的树林里警戒。每天清晨天不亮，他就会看见有一队八路军护送着一位瘦瘦的戴眼镜的高个干部，骑着马从距村六里的日照碑廓方向赶来。听年龄大的队员说，那个瘦高个戴眼镜的干部就是罗荣桓，他住在碑廓街上，一天来开一次会。

会开不到十天，罗荣桓也从碑廓搬到了村里，住在李传绪家。日军知道了罗荣桓的住处，就派飞机来炸，炸弹落在距离罗荣桓的住处仅一墙之隔的东边院子里，真是好险啊！每天开饭时，这二百多位干部就蹲在家庙院子里喝小米稀饭，吃高粱煎饼就腌辣菜疙瘩。罗荣桓办公的地方就在家庙的北屋里，罗荣桓也和普通干部战士一起蹲着吃饭。大会开了将近一个月，日照的日军知道了，便出动几千人向村里扑来。大会只好暂时休会，向西面坊前、大店一带转移。

《李家桑园村村志》里有这样一段记载：家庙，建于清康熙五十七年（1718年），1920年重修。青砖灰瓦，有正祠六间，门房三间，看祠房六间，祠产四十余亩，河滩林十余亩。大门祠匾“李氏先祠”为莒南县大店镇庄翰林所书。1943年8月12日至9月8日，山东省战工会在这里召开了山东省参议会一届二次大会，将“山东省战时工作推行委员会”更名为“山东省战时行政委员会”，推举黎玉为行政委员会主任，选举黎玉、刘居英、梁竹航、艾楚南、张伯秋、田佩之、耿光波、罗荣桓、郭维城、杨希文、辛葭舟十一人为行政委员。后来人们才知道，这里召开了一次非常重要的会议，而“山东省战时行政委员会”正是山东省政府的前身。

爱民的楷模

省战工会和八路军一一五师进驻李家桑园村后，在村里培养发展了五名党员，组建了第一个党支部，并帮助建立、整顿了“农救会”“妇救会”“识字班”“青救会”“青抗先”“儿童团”等群众革命组织。八路军一一五师还帮着训练民兵，民兵由原来的十几人发展到四个班六十余人，初步具备了一定战斗力。

1949 年，罗荣桓（右二）和聂荣臻（左二）、肖华（左三）、刘亚楼（右一）、谭政（左一）等合影

他们还帮村里组建了庄户剧团，成立了庄户学校，省战工会教育处处长杨希文为庄户学校三个班的学员印发了识字课本。为了打破敌人的经济封锁，他们号召发动了大生产运动，一一五师师部和抗大分校在村南岭开荒种地五十亩，并指导种棉织布，解决了一部分部队和群众的穿衣困难。他们提出一个口号："多施一车肥，多打一担粮。"使小麦亩产一举达到了一百五十公斤，比抗战前增产了百分之三十。从此，逢年过节村民的饭桌上也能见到白面饺子了。这些八路军的高级干部没有丝毫的架子，无论见到谁都点头微笑。罗荣桓住在李家述的大爷李传绪家的日子里，李家述天天去玩，罗帅和警卫员都非常客气。

有一次，李家述在家里翻出一本破旧的《三民主义》，有的字不认识，便跑去找罗帅的警卫员，没想到罗帅亲自给李家述作了讲解，还派警卫员叫来肖华一起看。罗帅的房东李传绪有一天突然发高烧，说胡话、乱抽搐，非常危险。罗荣桓夫人林月琴知道后，立即派警卫员背着他并亲自跟随，到一一五师师部卫生所抢救，使其转危为安。当时，村民因为发急病得不到及时救治而死去是很正常的事，要不是罗帅夫人和一一五师的医生，李传绪的命就没了。后来，李传绪见人就说是罗帅夫妇救了他的命。

（本文选自《大众日报》）

大智大勇　风范永存

——徐向前军事指挥二三事

文/《徐向前传》编写组

徐向前

徐向前（1901年—1990年），原名徐象谦，字子敬。山西五台人。中国无产阶级革命家、军事家，中国人民解放军创建人和领导人之一。1924年4月考入黄埔军校第一期。1927年3月，加入中国共产党。1931年初，第一军与第十五军合编为第四军，任军参谋长。1935年6月，第一、四方面军会师后，被任命为红军前敌总指挥部总指挥。曾获金质红星奖章。1938年4月，率第一二九师和第一一五师各一部进入河北省南部，创建冀南抗日根据地。1939年6月到山东，任八路军第一纵队司令员。1942年任陕甘宁晋绥联防军副司令员，后任抗日军政大学代理校长。解放战争时期，先后任晋冀鲁豫军区副司令员、华北军区副司令员兼第一兵团（后改为人民解放军第十八兵团）司令员兼政治委员。1955年9月被授予中华人民共和国元帅军衔和一级八一勋章、一级独立自由勋章、一级解放勋章。1988年7月被授予中华人民共和国人民解放军一级红星功勋荣誉章。

围困黄安城

1931年11月，国民党军开始部署对鄂豫皖红军的第三次“围剿”。蒋介石亲自坐镇武汉，调动十五个师的兵力，准备向鄂豫皖苏区进攻。此时鄂豫皖红军已扩编为红四方面军，下辖红四军、红二十五军六个师共三万余人及地方赤卫军约两万人。

针对敌人的“围剿”，经过几天深思熟虑，徐向前决定首先发动黄安战役。战役发起时间定在11月10日晚。

徐向前指挥红军采取“围点打援”的战法，先扫清黄安外围，切断守敌与宋埠、黄陂的交通线，然后包围黄安，吸引援敌。部队按预定计划展开后，徐向前亲自到最前线指挥作战。

他来到障山主阵地一个山包的后面，一个人站在一棵马尾松树下，不时地用望远镜向前方观察。山下就是战场，负责打援的十一师正在那里与敌人激战。子弹到处乱飞，迫击炮弹不时地在山腰上爆炸。他仍然泰然自若地观察战场情况。身旁的马尾松被射来的子弹打得枝落满地。他不时把手向后挥，像是赶苍蝇似的，说上两句：“讨嫌，讨嫌！”

当时的手枪连连长秦基伟在《故乡的战斗》一文中，生动地叙述了这次作战和徐向前在前线指挥作战的情景：

“……我军经过了十多天的穿插、分割的外围战斗。敌人城外的整个防御体系已被彻底打乱。”

“情况非常紧急……我们全连刚跑出村庄，便远远地看到徐向前总指挥带着几位参谋和警卫人员，骑着马，向着枪声最密的一个山头飞跑。我们二连经常跟随徐总指挥活动，因此不论干部和战士，都非常熟悉总指挥。特别在战斗中，我们都摸到了一个规律：哪里的战斗任务最艰巨，哪里的情况最危急，徐总指挥就出现在哪里……”

“我们一口气赶到打援部队的最后一个山峰背后……只有徐总指挥一个人站在山顶上几棵马尾松下，用望远镜向前望。敌人的子弹在他身边‘嗖嗖’地叫，打在马尾松上，飞到他的脚边掀起一股股尘土。总指挥这种在紧急情况下仍从容不迫地进行指挥的情形，我们看到过无数次了。”

“……忽然，总指挥身子向右一侧，右胳膊上流出了鲜血。我马上跑过去。总指挥看我想去照顾他，左手向山下一指，高声向我喊着：‘坚决把敌人压下去！’”

总指挥负伤，更激起了指战员对敌人的仇恨，各路红军都向敌人猛扑。就这样，徐向前以从容不

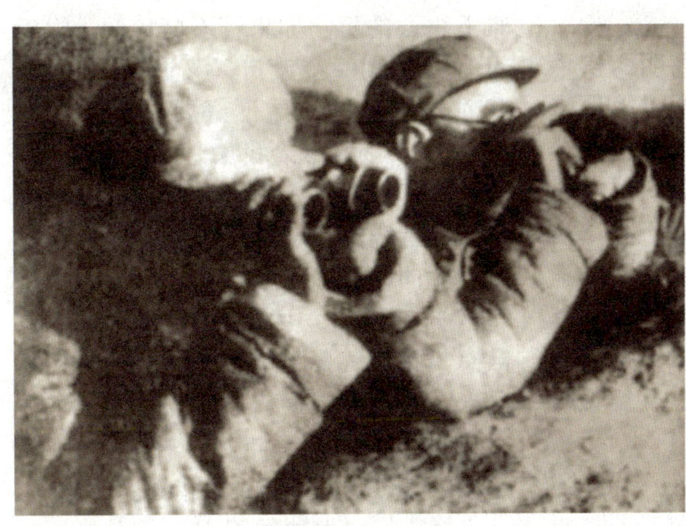

徐向前在前沿阵地

迫的风度、灵活多变的战术，指挥红军围困黄安四十三天，最后一举将其攻破。此役共歼敌一万五千余人，俘敌师长赵冠英以下近万人，缴枪七千余支、迫击炮十余门、电台一部。

此次战役后，徐向前命令用缴获的一部十五瓦电台，组建了无线电通信部门，正式与中共中央建立直接的无线电通信联系，随后又与江西苏区和湘鄂西苏区建立了无线电通信联系。

苏家埠大捷

黄安战役后，1932 年 1 月 19 日，徐向前又乘胜组织商（城）潢（川）战役。这次战役，他再次运用围城打援的战术，在豆腐店地区以十个团的兵力，击溃敌十九个团的兵力，使刚刚投入鄂豫皖战场的蒋介石嫡系部队一出马就大败而归。敌第二师遭到歼灭性的打击，师长汤恩伯也被撤了职。商城守敌五十八师惧怕重蹈黄安覆辙，也弃城南逃。红军不战而克商城。这次战役歼敌五千余人，缴枪千余支。随后，红军乘胜北上，围固始，克三河尖。敌军闻风丧胆，纷纷退守光山、罗山、潢川、麻城、宋埠等地，依托工事坚守。

两军对垒，智勇者胜。高明的棋手每走一步，都必经深思熟虑，走第一步时，就想到第二步、第三步以至更多的步子。徐向前全局在胸，在组织每次战役之前，都事先准备一个腹案，有个初步打算，并且随着情况的变化发展，不断修改完善。常言说：“智者千虑，必有一失。”“三个臭皮匠胜过一个诸葛亮。”他在作出重要决定之前，都要反复听取别人的意见。

4 月下旬，蒋介石命令皖西“剿共”总指挥厉式鼎，率三个师共十五个团两

抗战初期，徐向前任八路军一二九师副师长

万多人，从合肥等地出动，分两路增援苏家埠方向。

深夜，在红四方面军领导人的会议上，徐向前坚决主张一鼓作气打下去。在《历史的回顾》中他写道：

“敌人来了那么多，打不打，是个难下决心的事。如果打不垮他们，附近只有韩摆渡一个渡口，又逢河水猛涨，我军没有退路，弄不好要被压下淠河‘放鸭子’……敌众我寡，背水作战，决心不大好下。这个时候，张国焘不想打了。陈昌浩支持我的意见，打！”

徐向前指挥红军经过两天的激战，将敌分割包围，并捣毁了敌指挥机关。敌总指挥厉式鼎见势不妙，穿上士兵服装，企图逃跑，最后还是当了俘虏。厉式鼎见抓他的都是年纪轻轻的小红军，还不服气，要求见红军总指挥。

战士们风趣地回答：“我们总指挥忙

着哩！”

“我要见你们军长。”

“军长也不得空呢！”

厉式鼎哪里知道，此时徐向前总指挥正在指挥红军，准备最后解决苏家埠、韩摆渡守敌了。

5月8日，困守苏家埠、韩摆渡的敌军在内无粮草、外无救兵、突围无望的处境下，被迫全部投降。苏家埠守敌缴枪时还举行了投降仪式，官兵列队迎接红军。

历时四十八天的苏家埠战役胜利结束。这次战役共歼灭敌第七、十二、四十六、五十五、五十七师和警备一、二旅等三万余人，其中俘虏皖西“剿共”总指挥厉式鼎以下官兵两万余人，缴步枪一万两千余支、机枪一百七十一挺、炮四十三门、电台四部，击落敌机一架。这是鄂豫皖红军在徐向前指挥下取得的一次空前的伟大胜利。

5月23日，中华苏维埃临时中央政府发来贺电说，这次胜利“给予全国反帝国主义反国民党的革命运动无限的兴奋，更加强了苏维埃红军对于全国革命运动的领导”。

从1931年11月到1932年6月中旬，徐向前组织指挥的黄安战役、商潢战役、苏家埠战役和潢光战役，四战四捷，共歼灭国民党军六万余人。

四大战役的胜利使蒋介石准备向鄂豫皖革命根据地发动的第三次“围剿”计划彻底破产。红军在作战中发展到四万五千多人。根据地扩大到四万余平方公里，人口超过三百五十万。鄂豫皖革命斗争发展到极盛时期，也是徐向前军事指挥艺术发展的一个高峰。

降伏“卧牛”

1948年初春，运城解放后，临汾成了敌人在晋南盘踞的一座孤城。这座古城在日军和阎锡山的盘踞经营下，壕沟交错，碉堡林立，成了一座易守难攻的坚固要塞。

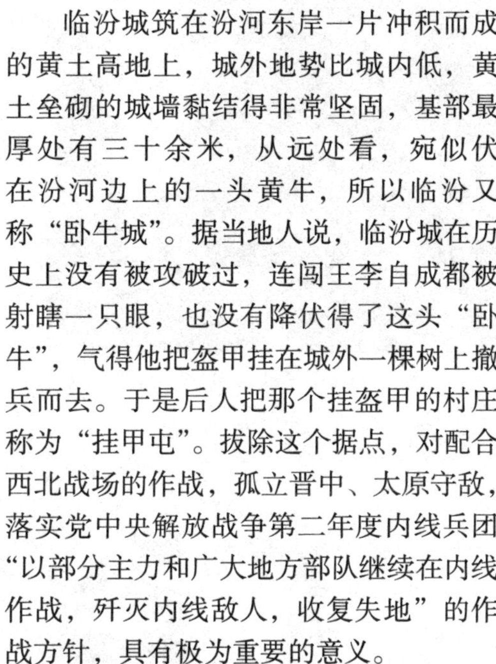

临汾城筑在汾河东岸一片冲积而成的黄土高地上，城外地势比城内低，黄土垒砌的城墙黏结得非常坚固，基部最厚处有三十余米，从远处看，宛似伏在汾河边上的一头黄牛，所以临汾又称“卧牛城”。据当地人说，临汾城在历史上没有被攻破过，连闯王李自成都被射瞎一只眼，也没有降伏得了这头“卧牛”，气得他把盔甲挂在城外一棵树上撤兵而去。于是后人把那个挂盔甲的村庄称为“挂甲屯”。拔除这个据点，对配合西北战场的作战，孤立晋中、太原守敌，落实党中央解放战争第二年度内线兵团“以部分主力和广大地方部队继续在内线作战，歼灭内线敌人，收复失地”的作战方针，具有极为重要的意义。

阎锡山曾于4月3日任命六十一军副军长娄福生为梁培璜的副总指挥，乘小飞机偷降临汾城内，协助守城，不料，进城没有几天就丢了守城的主要屏障东关。“卧牛”屁股上连尾巴带后腿被砍去了一截，看来只能“卧”以待毙了。此时，国民党正在南京选举“总统”，蒋介石在“国民大会”上宣称：决心保卫临汾。阎锡山三次打电报，令梁培璜“人尽物尽，城存成功，城亡成仁”。梁培璜一面将三十旅移至城外，争夺地面阵地，一面要求派飞机支援。徐向前总结打东关的经验，决定采用以坑道爆破为主的战法，打下临汾本城。为分散敌兵力，他于15日调整部署：以十三纵由城

1943 年 3 月，任抗日军政大学校长的徐向前

徐向前在河北涉县指挥八路军

1947 年徐向前（左）与叶剑英合影

徐向前

南门以东地区，八纵由城东南以东地区，太岳部队由城东北地区，同时攻击前进，掩护破城坑道作业。

守城敌人在东关尝过“土飞机”的厉害之后，也在绞尽脑汁，采取反坑道战的种种措施。他们挖掘大量丁字形反坑道，在坑道内遍设听音缸，发现动静即实施对挖，临近时炸毁对方坑道。在地面则以各种手段侦察解放军坑道口的位置，窥得迹象则以飞机、炮火猛烈轰击，还派敢死队袭扰坑道。为了粉碎敌人的反坑道战术，徐向前命令部队与敌展开了对挖、对听、对炸的斗争。困难一天比一天多。坑道通过城下外壕时进入了非常艰苦的阶段。由于严重缺氧，掘进速度缓慢。为加强坑道掘进的保密，战士们挖土改用三股齿、小铁铲，脚缠破布棉絮走路。因为敌人的反坑道又密又多，攻城部队主坑道只得不断拐弯，每前进一步都要付出很大的代价。到5月上旬，攻城部队已挖掘破城坑道十五条、掩护坑道四十多条。除被敌发现破坏以外，攻城前有三条主坑道完好无损，巨大的炸药室直抵城墙墙基。

徐向前对总攻临汾的部署作了最后的调整，决定：十三纵三十七旅由大东门以南炸开缺口登城，三十八旅在城南助攻，三十九旅在城西南之东赵西村地区堵溃；八纵二十三旅在右、二十四旅在左，于大东门以北并肩登城，二十二旅位于城西北汾河西之刘村、芦道线堵溃；其余部队控制城北，担任助攻。为保证攻城确有把握，他指示攻城各部队，突击队至少要准备两个。同时，他亲自检查了突击队准备情况。16日晚，八纵战士在坑内隐隐听到附近有敌人对挖的声音。情况紧急，眼看仅有的最后两条坑道有被破坏的危险。徐向前当机立断，决定将总攻时间提前一天。

17日，解放军攻城部队两条坑道已完成装药，一条装黑色炸药六吨多，另一条装黄色炸药三吨。敌人已经坐在火山上了。

15时，十三纵集中五门山炮、四门野炮先行射击，八纵也以平射炮突然开火，将大东门北一段城墙上的敌兵力点全部摧毁。

19时，攻城坑道的炸药室点火。随着暗红色的闪光和天崩地裂般的轰响，浓烟尘土腾空而起，两处近四十米宽的缺口被炸开。突击队的勇士向那里发起冲锋。指战员们在敌人雷区多、工事坚、火力强的情况下，不怕流血牺牲，前仆后继。战斗到24时，城内之敌全部被我军歼灭。敌守城总指挥梁培璜等高级将领裹挟部分群众从西门逃跑。徐向前得知此情况后，立即命令晋绥部队和第二十二旅一定要活捉梁培璜。18日傍晚，被俘的总指挥梁培璜低垂着脑袋站在徐向前面前。他夜里逃跑时跑掉了鞋，狼狈不堪地光着脚。

这一仗打了七十二天，共歼敌两万四千余人，我军伤亡一万五千人。战后，徐向前来到战地，从外壕内到城墙表里、上下，对各处敌人工事的火力配系，亲自一一察看。他特别到进攻时没有拿下的地方细看了一番。

在坑道轰开的突破口现场，徐向前和各部队的领导干部登上城头席地而坐。他说："我们在临汾这一仗是伤亡大、胜利大、锻炼大！""我们用鲜血换来的攻坚经验很宝贵。虽然又有新的作战任务在等着我们，但是一定要利用这个间隙时间，好好总结，积累起来，以后还有更坚固的城市等我们去攻打。"6月4日，徐向前抵达洪洞参加八纵召开的庆功大会。在会上他宣读了中央给临汾前线全体指战员的贺电，并根据各部队民主评定，将一面"光荣的临汾旅"旗帜授予战功最显著的八纵二十三旅。

攻打临汾的经验得到了中共中央的高度评价。毛主席在6月1日给东北野战军领导的电报中说：

"徐向前同志指挥之临汾作战，我以九个旅（其中只有两个旅有攻城经验），攻敌两个正规旅及其他杂部共约两万人，费去七十二天时间，付出一万五千人的伤亡，终于攻克。我军九个旅（约七万人）都取得攻坚经验，是一个很有意义的大胜利。临汾阵地是很坚固的，敌人非常顽强。敌我两军攻防之主要方法是地道斗争。我军用多数地道进攻，敌军亦用多数地道破坏我之地道，双方都随时总结经验，结果我用地道下之地道获胜。"

（本文选自《中国国防报》，选编自当代中国出版社《徐向前传》）

苏家埠战役纪念园内的徐向前元帅雕像

父亲聂荣臻与晋察冀根据地

文/聂　力

聂荣臻

聂荣臻（1899年—1992年），四川江津人。1923年加入中国共产党。抗日战争全面爆发后，任八路军第一一五师副师长、政治委员，参与指挥平型关战役，取得全国抗战开始后的第一个大胜利。1937年11月，任晋察冀军区司令员兼政治委员，在晋察冀三省边界地区创建了敌后第一个抗日根据地。1940年8月，在百团大战中，组织指挥部队在正太、津浦、平汉、北宁等铁路线进行破击战。解放战争时期，任华北军区司令员、中共中央华北局第三书记、中国人民解放军副总参谋长、平津卫戍司令、北平（今北京）市市长等职。先后参与指挥正太、清风店、石家庄、平津等战役。1955年9月被授予中华人民共和国元帅军衔和一级八一勋章、一级独立自由勋章、一级解放勋章。1988年7月被授予中华人民共和国人民解放军一级红星功勋荣誉章。

晋察冀边区，是中国共产党和八路军创建的第一个敌后抗日根据地。父亲的命运和晋察冀的命运是紧紧地联系在一起的。

1937 年 9 月 24 日，也就是平型关战役打响的前一天，毛泽东在发给八路军总部的电报中说：“山西地方党目前应以全力布置恒山、五台、管涔三大山脉之游击战争，而重点在五台山脉。”

10 月 20 日，毛泽东又发出一封重要的电报，指出：敌占太原后，战局将起极大极快之变化，第一一五师等部和八路军总部有被敌隔断的危险。因此，拟作以下部署：留一一五师独立团在恒山、五台山地区坚持游击战争，一一五师主力转移到汾河以西吕梁山脉；总部应该转移至孝义、灵石地区。根据毛泽东的这个电报精神，中央决定，聂荣臻留守五台山地区，创建晋察冀抗日根据地。

当时，一一五师的师部离总部很近，父亲将担负这一重任的消息是由朱德、彭德怀、任弼时等在五台南茹村当面告诉他的。随他留下的部队除了独立团，还有骑兵营、八路军总部特务团一部，加上其他一些小单位，总共三千人。

聂荣臻在晋察冀军区司令部

对于父亲来说，这是一次重要的转折。在这以前，他一直跟随在中央和毛主席身边，带的是主力部队，打的是主攻。可现在，他要孤悬敌后，独当一面了。受命的当天夜里，他久久无法入睡。本来已经戒烟了，这时又把烟斗翻了出来，一个劲儿地吸。

娘子关失守后，战局急转直下，日军疯狂扑来，太原危在旦夕。夜色下，一一五师主力向南开拔，父亲与罗荣桓等老战友话别后，久久地望着自己的老部队消失在山边尽头。

太原城陷落了，各路人马远去了，在山西北部响了两个月的隆隆炮声停息了，日军占领了他们想占领的地方。父亲留下来了，他的手下只有三千人，而他们的周围全是势头正盛的日本兵。

他们能不能生存下来？能不能立住脚？能不能有个大发展？当时有很多人心里是没底的，父亲与主力部队分开后，在五台山上写下了两句话：“为保卫祖国而奋斗到底，誓与华北人民共存亡！”11 月 7 日，晋察冀军区在五台县石嘴的普济寺宣告成立，父亲首先宣布中共中央军委的命令：军区由他任司令员兼政委，唐延杰任参谋长，舒同任政治部主任，查国桢任供给部部长，叶青山任卫生部部长。这几个人便是晋察冀的老班底。

中共中央和毛泽东一直关心着悬在敌后的父亲和他的三千人马。毛泽东当然清楚，如果这第一个敌后根据地创建得顺利，那么就会极大地增强八路军在别处创建根据地的信心，这就可以使毛泽东关于抗日战争的一系列战略构想成为现实。共产党靠什么？靠人民。当年在苏区，凡是根据地建设搞得好的时候，部队就能大发展，如今也应该是一样的。

所以，在晋察冀军区正式宣告成立的第二天，毛泽东就给父亲发来电报，电报中说："阎将无力再过分干涉八路军之地方工作，故八路军将成为全山西游击战争之主体。应该在统一战线之原则下，放手发动群众，扩大自己，征集给养，收编散兵……不靠国民党发饷，而靠自己筹集供给之。"

父亲后来说："正是毛主席对晋察冀的关心和厚爱，使同志们的信心越来越足。"

日军兵力不足，确实是其大患。由于日军正集中兵力长驱直进，后方相当空虚，加上五台县、阜平县不是交通要道，所以日军一直没来。父亲他们便抓住这个有利时机，大刀阔斧地开创根据地。

抗日烽火在五台山点燃

五台县是晋察冀根据地最早的立足点。军区成立后，部队没地方住，只好住在五台山的寺庙里。五台山是我国四大佛教圣地之一，那里有三百多座庙宇。这些庙宇，分为青庙和黄庙两种，和尚庙叫作青庙，喇嘛庙叫作黄庙。当时山上共有汉、蒙、藏、满各族僧人一千七百多人。父亲回忆说："对这些和尚和喇嘛，我们很尊重，同他们相处得也很融洽。"

父亲一直记得他第一次上五台山的情景。五台山佛教僧会会长、大法师然秀，得知聂司令要来看望出家人，特地组织了寺庙乐队列队欢迎。十二名僧人披着袈裟，分列两行，钹箫笙笛齐鸣，皮鼓小锣轻敲，声音幽雅动人，使人犹如坠入仙境。父亲高兴地说："真想不到，在这偏僻的山乡，在这四面被敌人包围的境地，还能听到如此优雅的音乐。"

父亲亲临寺庙宣传中国共产党的宗教政策和抗日救国纲领，加上八路军进驻寺庙后，非常爱护文物古迹，对僧侣们态度十分友好，众僧看在眼里，深受感动。僧侣也是中国人，也痛恨日本兵，大法师然秀代表五台山僧众表示："出家人慈悲为怀。吾等出家不出国，保不住国家，佛教、寺庙何存！抗日救亡，僧众有责！"

在父亲等人的感召下，五台山寺庙成立了由青年僧人组成的抗日自卫队。他们利用自己的特殊身份和特定环境，积极地以各种形式参加抗日，想方设法营救被日军关押的八路军和群众。他们中的许多人还拿起枪，勇敢地与日军搏杀。在当时，仅菩萨顶的和尚就消灭日军三十多人。当地群众称赞五台山的和尚为"革命和尚"。后来，晋察冀军区专门把这些和尚僧侣组织起来，建立了一支连队，人称"和尚连"。

当年的"和尚连"里，有个法名叫禧钜的小和尚，后来担任了五台山佛教协会的会长，成为一代法师。禧钜法师一直没有忘记领导他们抗日的聂司令。

连五台山的和尚、喇嘛都被发动起来抗日，这在当时，一度被传为佳话。

抗日的火，在五台点起来了。但是父亲总觉得，把军区指挥机关设在五台，位置不适中，应该往东靠一靠。他决定到河北的阜平去，那里的位置更好，更靠近平汉路。平汉路两侧人口稠密，有利于发动群众，扩大武装，也有利于将来向富裕的冀中、冀东发展。

1937 年 11 月 18 日，父亲率领军区领导机关抵达阜平县城。从此，这里就成了晋察冀抗日根据地的中心地区。

抗日战争时期的聂荣臻

聂荣臻（左二）在前线察看地形

聂荣臻与夫人张瑞华

父亲他们刚到达阜平的第六天，日军就集中了两万多兵力，沿平绥、平汉、正太、同蒲四条铁路干线，分八路“围攻”刚成立的晋察冀军区，妄图扑灭华北腹地的这股新生力量。因为在短短的时间内，这股新生力量就迅猛地发展起来，不断地“骚扰”各地的日军，令敌人日夜不得安宁，简直不胜其烦。

父亲指挥各路部队迎敌，战斗力强的“老”部队机动使用，新组建的游击队利用敌人对地形不熟悉、战线过长的弱点，拼命地“骚扰”他们的后方，破坏交通。一个月的时间里，父亲指挥部队接连打了几个胜仗，毙伤日伪军一千多人。敌人除了占领几座县城外，一无所获，最后只得于12月下旬全线撤退。

这算是晋察冀第一次真正意义上的反“扫荡”。这个胜利正式宣告父亲他们在晋察冀山区站住了脚跟。

五台山的烽火逐渐向四周蔓延，像北平和天津这样的大城市也感受到了。著名民主人士李公朴先生曾在他的著作中写道：“英勇的指挥者聂荣臻将军‘签署的军区’核桃大小字的布告，居然贴到了恶魔和无耻的走狗所盘踞的北平城内外，使敌伪汉奸倒抽一口冷气。”

日本同盟社也发出电讯，惊呼：“五台山岳地带为共产军在山西蠢动之策源地，更为向山西、绥远、京津诸地方实行赤化工作之根源。”

毛泽东说：“五台山，前有鲁智深，今有聂荣臻。”

有了巩固的晋察冀山区根据地，父亲并不满足。他一直琢磨着怎样尽快地向冀中和冀东平原地带扩展。1937年10月，东北军第五十三军第六九一团团长、中共党员吕正操率部进入冀中地区后，举行抗日誓师大会，改称人民自卫军。不久，父亲派人携带密码到达冀中，与吕正操取得联系，要他们努力发动群众，积极开展抗日游击战争。不久，根据父亲的指示，这支队伍开往平汉路以西整训，父亲在阜平与吕正操见了面。

吕正操后来回忆说，我的父亲给他的第一印象是军容严整、正正规规，显得很严肃，但是对同志却很亲切，使人感觉见到的是一位忠厚长者。他们在一起聊过多次，聊得很开心，晚上同睡在一条大炕上。他很快把父亲看作自己的师长，有事就向他请示。父亲还把长征时保存下来的一双袜子送给了他，他立即珍藏起来。吕正操又说：“对聂司令的道德风尚我一直是很敬佩的，因为从他身上反映了共产党的领导作风，所以我敬佩他，感谢他。”

在冀中，还涌现出一支党领导的回民抗日武装，就是后来很有名的冀中军区回民教导总队，也称“回民支队”。马本斋和他的母亲白文冠的故事曾经感动过几代中国人。父亲对“回民支队”的创建和壮大，付出了心血。

不久，在父亲的运筹下，又相继开辟了冀东、平西、平北根据地。北岳、冀中、冀东、平西、平北根据地的建成，使晋察冀抗日根据地成为华北最大的根据地。

雁翎队、地道战、地雷战，也是晋察冀的亮点之一。尤其是地道战，它是坚持平原游击战争的可靠保障；是“向敌后之敌后挺进”的有力支撑；是晋察冀平原军民对敌斗争的独创，影响巨大。

参加洛川会议的时候，父亲就特别注意到，毛主席一直强调，要充分发动群众，广泛建立抗日民族统一战线，不断壮大我们的力量。父亲说他意识到：“那个时候，毛泽东同志已经想到了更长远的目标。打败了日本帝国主义以后，我们还要建立新民主主义的新中国。只有争取了群众，扩大了武装力量，才能取得抗日战争的胜利，并为革命的深入发展奠定坚实的基础。”

“五台分家”，留给父亲的只有三千人，司令部机关人手更少，大家开玩笑说：“要问司令部有多少人，一盆菜就够吃了，一条炕就够睡了。”

父亲做梦都想着自己能够“撒豆成兵”，把这三千人变成三万人，三十万人。他对大家说：“没有武装，一切都谈不上。现在我们只有用滚雪球的办法来发展。”

后来形势的发展出乎很多人的预料，晋察冀根据地的各项建设突飞猛进，武装力量的建设更是形势喜人。很快经八路军总部批准，他们成立了四个军分区，每个分区下辖三个团，另外还有数量众多的游击支队。对于父亲来说，他这个司令员的腰杆子越来越粗了。

在晋察冀，有不少带有地域色彩的部队名称，如“阜平营”“回民支队”“灵寿营”“平山团”等。一看名字就知道，这些部队的成分。

父亲曾给边区的部队起过这样一个名字，叫作“子弟兵”。父亲觉得这是一个很好的称呼。军区创办的《抗敌三日刊》后来被人们习惯地称为《子弟兵报》。这样称呼，就把部队担负的任务和群众的切身利益紧密结合在一起了，更能体现军民的鱼水深情。战士们保卫家乡，就是保卫边区，就是保卫祖国。

（本文选自中国共产党新闻网，有删节）

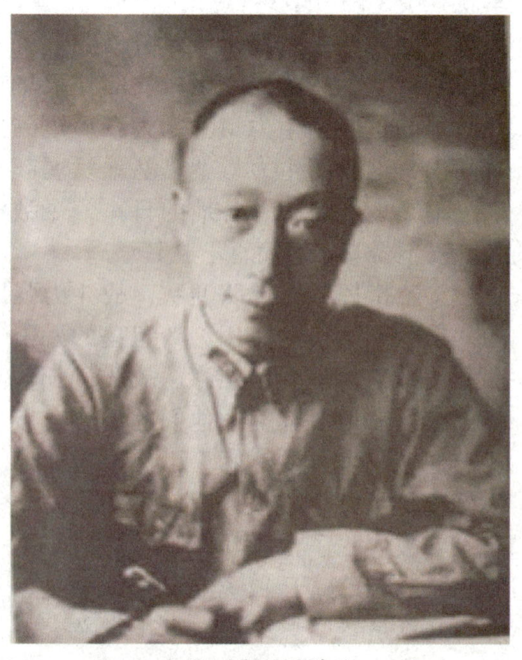

红军时期的聂荣臻

越过千山与万水

——叶剑英在长征路上

文/陈　力

叶剑英

叶剑英（1897年—1986年），广东梅县人。1926年7月，参加北伐战争。1927年4月12日，蒋介石发动反革命政变。叶剑英毅然通电反蒋。随即奔赴武汉，任国民革命军第四军参谋长。同年7月，在严重的白色恐怖中秘密加入中国共产党。1934年10月，中央红军进行长征，叶剑英任军委第一纵队司令员。1937年7月，抗日战争全面爆发，红军改编为国民革命军第八路军，叶剑英任参谋长。1945年夏，叶剑英在党的第七次全国代表大会上被选为中央委员。1945年12月，他参加以周恩来为首的代表团，到重庆进行停战谈判，出席政治协商会议。1946年1月，叶剑英赴北平任军事调处执行部中共代表，与国民党代表、美国代表一起，调处国共军事冲突和监督双方执行停战协议。1949年10月初，叶剑英和陈赓指挥广东战役，14日解放广州。1950年2月，叶剑英主持制定解放海南岛战役的作战方针和战役计划，5月1日解放海南岛。1955年9月，被授予中华人民共和国元帅军衔和一级八一勋章、一级独立自由勋章、一级解放勋章。

1933年秋，蒋介石政府在帝国主义支持下，对我中央革命根据地发动了第五次大规模的反革命“围剿”。1934年10月，第五次反“围剿”失败，中央红军被迫放弃中央根据地，进行长征。

“问君西游何时还”

长征开始了。叶剑英任军委第一纵队司令员，率总司令部一、二、三、四、五局，总政治部机关、干部团和直属部队分四个梯队（代号红安），从瑞金出发，向于都集结。秦邦宪（博古）、李德（华夫）、张闻天（洛甫）、毛泽东、王稼祥等随军委第一纵队行动。李维汉任军委第二纵队司令员，邓发任副司令员，姚吉任代参谋长，包括中央机关和后勤系统（代号红章），董必武、林伯渠、谢觉哉、徐特立等和三十二名女同志，随第二纵队行动，第一、二纵队并肩前进。

在开始集结和突围初期，为了避免敌机轰炸，规定夜行军。每天下午5时30分左右，部队吃完晚饭，集合出发的号音就吹响了，战士们穿着灰色的军装，扎着皮带和绑腿，背着背包、枪支、手榴弹和充足的子弹，携带十天的干粮，一队队向集结地开进。步伐声、马蹄声、歌唱声交织在一起。

叶剑英司令员身着灰军装，腰插左轮手枪，迈着坚定的步伐，踏上了新的征途。

10月21日，叶剑英率领的军委第一纵队随主力红军前进。在信丰河地区，林彪、聂荣臻率领的一军团和彭德怀、杨尚昆率领的三军团分左右两路突破了敌人第一道封锁线。九军团随一军团左侧跟进并掩护，八军团随三军团右侧跟进并掩护，军委第一、二纵队居中，董振堂、李卓然率领的五军团在刘伯承协助下殿后。这是突围的部署，也是行军的序列。全军八万多人携带大量辎重，搬家似的在羊肠小道上行进，行动非常缓慢，半个月之后，在湖南汝城、城口之间，通过了敌人第二道封锁线。10月15日，在良田、宜章之间，通过了敌人第三道封锁线。此时，蒋介石判明主力红军意图，任命何键为“追剿”军总司令，罗织刘建绪、薛岳、周浑元等五路“追剿”红军。又令陈济棠、白崇禧在粤、桂堵截红军。红军指战员与敌军浴血奋战，冲破数十万敌军的围追堵截，于11月末分四路渡过湘江，突破了敌人第四道封锁线。这是突围以来最激烈的一次战斗，由于“左”倾教条主义的避战方针和拙劣指挥，使部队损失过半。

突围行军中各种命令、指示要及时下达，部队的行动和所遇到的各种问题要及时上报，尤其是敌军的部署、动态要及时掌握，通信联络一分钟也不能中断。叶剑英精心组织电台的同志，分几个梯队交替行军，昼夜坚持工作，保证通信联络畅通无阻，及时地为军委提供准确的敌情动态。

红军主力渡过湘江以后，进入西延山区，地图上叫越城岭，土名叫老界山。叶剑英登上这座高山，极目瞭望。远处，机枪的声音很密，后卫部队正在阻击敌人。脚下，险峻的雷公岩，几乎是九十度的石梯，只有一尺多宽，旁边就是悬崖，有几匹马从崖上跌下去不能动了。伤病员在此都下了担架，被同志们背着搀着走。叶剑英越走心情越沉重。他想到那么多同志牺牲了，部队从八万余人锐减到三万多人，到哪里去补充？此情此景，使他分外想念根据地，想念毛泽东、朱德艰苦创建的中央根据地。他不

叶剑英

禁引吭高歌：

越过千山与万水，问君西游何时还？

部队在西延龙胜山区，翻过了一座很高的山头之后，紧接着又渡过了一条小河，来到一片开阔地，第一、三、五军团都准备在这一带休息。根据敌情，周恩来指示叶剑英，迅速命令第一、三军团立即前进，五军团担任后卫，防止敌人空袭和追击。

叶剑英接到周恩来的指示后，立即找各大单位的负责同志碰头，布置具体任务并贯彻执行。他叫人向第一、三军团传达周恩来的命令，并再三叮嘱他们，一定要按周副主席的指示办，接到命令，立即疏散。

部队按命令正在上山，这时，敌人已追到河边，叶剑英还在山脚下。当他爬到半山时，敌人的飞机来了。他分析敌人飞机远道而来，不会很快发现目标，于是靠在路的一边隐蔽。没想到敌机飞得不高，很远就发现了目标，俯冲过来投弹。他赶忙跑步离开，但已经来不及了，刚跑了几步，炸弹就爆炸了，他跌倒在地。

当时他并不觉得什么，好像被人打了一拳，爬起来踉踉跄跄地走。警卫员范希贤赶来扶住他说："司令员，你挂花了。"

叶剑英这时才感到了痛，大腿靠臀部的地方，血往下直流，还有股热气。

"知道了。"他沉着冷静地回答。

警卫员把他扶到平坦一点的地方，让他躺下。

总卫生部部长贺诚得知叶剑英负伤的消息，急忙找来一副担架，抬着他走。

叶剑英在担架上躺了半小时，伤口还是不停地流血。

担架员把他抬到总卫牛部临时所在地。李伯钊恰好在那里帮助护理，见到叶剑英忙问："司令员，你挂花了？"

叶剑英泰然自若地回答："不要紧的。"

经过医生检查：弹片打进靠臀部的地方有十多厘米深。当时的环境和技术条件，不可能取出弹片，只做了简单的包扎。后来这块弹片一直未取出来。每当谈起这次负伤，叶剑英总是风趣地对身边的工作人员说：身上留下这块弹片作纪念，它可以使人不忘过去。

后来发现，叶剑英的大衣，被炸弹打了五十几个洞。原来飞机轰炸时，他右手正拎着大衣。从大衣"负伤"的严重情况看，不难想象，他当时的处境是多么危险啊！

从遵义到夹金山

红军主力过湘江后，蒋介石怕中央红军与湘西的第二、六军团会合，急忙

遵义会议会址

变更部署，调集几十万大军，在湘西布下口袋阵，妄图“围歼”红军于去湘西的路上。“左”倾教条主义者不分析敌情的变化，仍坚持原来的计划要去会师，这就势必要与五六倍于我之敌决战，那将有全军覆没的危险。在此严峻时刻，毛泽东力主改变方向，放弃原计划，争取主动，向敌人力量薄弱的贵州前进。毛泽东的正确意见，得到多数同志的赞成。红军于是向西前进占领了黎平。12月18日，党中央在黎平召开政治局会议，作出了在川黔边建立根据地的决定。在此之前，部队进行了整编，军委第一、二纵队合编为军委纵队，由总参谋长刘伯承兼司令员，陈云任政治委员，叶剑英任副司令员兼一局局长，负责作战。

为了贯彻中央新的战略方针，周恩来、朱德、刘伯承、叶剑英研究制定了抢渡乌江、占领遵义的行动方案。1935年1月7日凌晨，先头部队占领遵义城，9日，党中央、中央军委在人民群众的欢呼声、鞭炮声中进入遵义城。遵义是贵州北部的政治、经济、文化、交通中心。占领遵义，这是红军的一大胜利。

在这座黔北名城中，中央红军休整了十二天，具有伟大意义的遵义会议就在这里召开。遵义会议批判了博古、李德在军事领导上的错误，通过了《中共中央关于反对敌人五次“围剿”的总结决议》，重新肯定了毛泽东的正确领导，增选毛泽东为政治局常委，取消了博古、李德的最高军事指挥权。随后政治局常委进行分工，确定张闻天为总书记，主持党中央的日常工作。

遵义会议期间，叶剑英在军委总部协助周恩来、朱德指挥作战，处理日常事务。

遵义会议会场

遵义会议后，面临着一系列军事行动问题亟须解决。在行军途中，开了一次军事会议。有的同志提出要夺取打鼓新场（金沙），正在讨论时，敌人的飞机突然来了，叶剑英和毛泽东等连忙躲进屋后的茅草屋里，没有发生什么危险，

飞机过后又继续开会。在这次会议上，成立了以毛泽东、周恩来、王稼祥三人组成的军事指挥小组，负责指挥红军的作战行动。

遵义会议结束了王明“左”倾冒险主义在党中央长达四年的统治，确立了以毛泽东为代表的新的中央的正确领导，在最危急的关头挽救了红军，挽救了党，是党的历史上一次生死攸关的转折点。叶剑英衷心拥护会议的决定，拥护毛泽东的领导，积极宣传贯彻会议精神。他回忆说，遵义会议肯定了毛泽东等关于红军作战的基本原则，使毛泽东重新取得了军事指挥权。这在当时是有重要意义的，对后来粉碎张国焘的分裂阴谋，取得抗日战争的胜利和解放全中国，也有其深远的影响。

长征以来，叶剑英总是夜以继日地工作着，有时一天只能休息三四个小时，为军委总部起草了许多电报。工作严肃认真，一丝不苟。他常对参谋人员说，一字之差，关系到许多同志的生死存亡，写完电报一定要多看几遍，反复推敲，达到简明、准确无误。当时红军中有的参谋人员业务水平不高，叶剑英经常对他们言传身教。参谋起草的电报，他认真修改，有时几乎全部重写。他将改好的电报，让参谋重抄，抄好后他还要认真看两遍，然后签字发出。有的参谋同志不懂韵目代日（中国历史上的一种电报纪日方法），他就给他们讲授一东、二冬、三江、四支等基础知识，在实践中锻炼提高参谋的工作能力。

第二次占领遵义的娄山关战斗中，第三军团参谋长邓萍光荣牺牲了。第三军团向中央发电报，要求叶剑英去接任。中央考虑战斗正在激烈进行，前方确实需要派得力的人，于是同意第三军团的要求。叶剑英在危难之际奉命前往第三军团任参谋长。

有一天，部队行军八十里，在宿营地已经吹过熄灯号，第一军团来电报说，第三军团前方有一座桥被水冲断了，需要连夜修架，以便第二天部队通过。这时大家经过一天的行军，都很疲劳。叶剑英带伤走路，已是十分困苦，但仍然连夜召集司令部李天佑、孙毅等几个科长碰头研究，布置第二天的行军任务，并要求自己带工兵连夜赶修桥梁。几位科长考虑到他负伤未愈，坚决不让他去，叶剑英只好将架桥任务交给了孙毅，说：“架桥关系到全军的行动，桥修不好就会耽误部队的行军速度。对我们来说，时间就是生命。你去修桥，可能一夜不能休息，第二天还需照常行军，任务十分艰巨。”他对如何完成任务，可能遇到的问题，如何解决等，又做了具体的交代，才放心让孙毅同志带工兵连二十多人前去。孙毅他们走了几十里路，在河边整整劳累了一夜才把桥架通。拂晓时彭德怀、杨尚昆、叶剑英带领部队顺利通过。

6月中旬，第三军团来到终年积雪的夹金山下，这是红军长征翻越的第一座雪山。夹金山高耸入云，经常不见山峰。气候寒冷，空气稀薄，终年积雪不化，深处竟达数丈。当时是6月炎热季节，红军指战员每人只有一套单衣，要过雪山了，想补充点衣服也无处可寻，周围是起伏不断的山地，人烟稀少，哪里来这么多衣服？最初他们也曾想带点烧酒御寒，但当地人不过百户，哪里来这么多烧酒？叶剑英找大家商量后，布置部队要多准备点生姜、辣椒以备上山御寒。因为山上空气稀薄，走路时，一不能快，二不能说话，三不能坐下来休息。

上午八九时开始过雪山，叶剑英拄着拐棍，与警卫员互相勉励，艰难地向前行进。雪山上的气候，变化莫测，上午是鹅毛大雪，狂风卷起无数雪片；下午又阳光灿烂，一片白雪皑皑的银装世界，耀眼欲眩。他们穿着单薄的军装，浑身打着哆嗦，牙齿打着寒战，一步一停，一步一喘。后来，他回忆这段艰苦的历程时说："我在上山时，口里含着生姜片。路很难走，暴风夹着雪沙，打到人的脸上、手上，像刀割似的。有的同志用手捂着脸，冒着暴风雪，走路踉踉跄跄，一不小心，就有可能掉在雪窝里或雪崖下，永远也爬不起来。"当时的情景确是如此。当他走到山顶，看到三位同志僵直地围坐在一起，像在那里烤火，可是走近一看，他们已经牺牲了。

从达维镇开始，吃粮就非常困难了，到卓克基，部队全靠野菜充饥，一个多月吃不到盐和油，有的部队连野菜也吃不上，只好吃菜根。为了搞到粮食，叶剑英率第三军团教导营与藏族同胞联系买粮。但沿途藏族同胞受国民党的欺骗宣传，都躲起来，实行坚壁清野，不肯把粮食卖给红军。叶剑英对部队说："我们要贯彻党的少数民族政策，尊重少数民族的风俗习惯，搞不到粮，宁肯饿着肚子。一些藏族同胞受反动宣传，拿起长矛大刀，保卫自己的生命财产，这是可以理解的。如果他们打我们，我们就向后退，通过通司和他们谈判。"他不仅这样教育部队，而且订出了具体的政策规定和有效措施。由于他带头执行党的少数民族政策，使许多藏族同胞很受感动，积极动员躲上山的群众陆续回家，纷纷把余粮卖给部队，有的甚至乐于为红军带路。

通过少数民族地区时，参谋孔石泉的脚被土枪打伤了，走路十分困难。叶剑英看到后，让警卫员把自己的驮骡牵去。孔石泉很感激，至今还常说："如果没有那匹牲口，我是很难从少数民族地区走出来的。"对电台、通信人员叶剑英更是关心备至。他经常叮嘱大家：分配东西不要忘了电台的同志，电台人少，他们工作很辛苦，是无名英雄，要适当地照顾。叶剑英关心同志，平易近人的作风，使每个认识他的人，都有深刻的印象。

胜利到陕北

俄界会议之后，第一、三军团改编为陕甘支队，彭德怀任司令员，林彪任副司令员、毛泽东任政治委员、叶剑英任参谋长兼第三纵队司令员，王稼祥、杨尚昆任政治部正副主任。

叶剑英率第三纵队北进途中，看到一个十多岁的小孩，试探地问："小朋友，这里到哈达铺还有多远？"小朋友回答："不到十里路。"在这个地方能见到听懂汉语的小孩，真有种说不出的高兴。

两个多月，生活在少数民族地区，同老百姓根本讲不通话，行动非常不便。到了哈达铺，看到有汉族群众，就方便得多了。

到哈达铺后又往哪里去呢？按照俄界会议决定，北上红军经过甘东北，以游击战争打通国际路线，取得苏联的帮助，在接近苏联的地区创造一个根据地。但具体路线如何走，一时众说纷纭。一天，叶剑英看到部队缴来的一张国民党报纸，上面有一条消息，是报道"国军

1937年5月，叶剑英同甘泗淇（左五）等与国民党政府中央考察团部分成员在延安

进攻陕北红军胜利”的新闻。从消息中可以看出，刘志丹的部队不少，根据地也不小，而且有一定的群众基础。

叶剑英赶忙问总政治部的白军工作部部长贾拓夫：“拓夫，你看看这篇报道，刘志丹在陕北搞革命，他们的根据地还不小，力量也可观，你是陕北人，一定晓得陕北的情况，快讲给我听听。现在我们三个方面军在原来的根据地都待不住了，长征了。刘志丹还能在原地坚持，说明陕北的群众是好的，没有群众基础不可能做到。红军的力量也不小，我们到他那里去吧！你看怎样？”

贾拓夫是陕北神木人，听他这样一说，又看看报纸，高兴地说：“我们陕北是个闹革命的好地方，群众生活很苦，迫切要求革命。群众基础好，又加上穷乡僻壤，可以和反革命势力进行周旋。”

他们俩接着议论起来：“刘志丹靠自己的力量能坚持这么久，而且还打胜仗，很不容易。我们去了后，力量就更大了。”

“陕北群众生活很苦，要求革命，是个很理想的根据地。明末的农民起义领袖李自成就是陕北人。现在刘志丹在那一带很有影响，人民群众拥护他。”

当天下午，叶剑英把那份报纸拿给彭德怀看。彭德怀看完报纸，顾不上同叶剑英商量，拿着报纸就去找毛泽东。

彭德怀回来，兴奋地对叶剑英说：“你提供的报纸很重要，毛泽东和中央其他同志已初步决定，到陕北去找刘志丹。”

中央决定到陕北去是非常英明的，那里是老根据地，有刘志丹、徐海东的部队，又接近抗日前线，如果走宁夏或河西走廊，会有不堪设想的后果。在决定去陕北的问题上，叶剑英又为党当了好参谋长。

9月28日，支队在班罗镇召开了军事政治干部会议。为了避免敌机的轰炸，会议在清晨5时就开始了。支队政委毛泽东、司令员彭德怀和党的总书记张闻天先后讲了话。他们说：“我们要到陕甘革命根据地去。我们要会合二十五、二十六、二十七军的兄弟们去！陕甘革命根据地是抗日的前线。我们要到抗日的前线去！”并鼓励大家：“为着民族，为着使中国人不做亡国奴，奋力向前。”

经过一天的休息和政治动员，第二天部队就出发了。叶剑英率领第三纵队在离通渭二十里的一个村庄宿营。这里的老百姓对红军非常热情。指战员同前来欢迎的群众亲切交谈：

“你们怕不怕红军？”

“我们见过红军，徐海东的红军到过这里，可好啦！”

“你们是徐海东的红军吗？”

“我们是从江西北上的毛泽东、朱德的红军。”

毛泽东、朱德的名字就这样开始传到周围的村庄。男女老少都跑到部队驻地，这个问：“你们怎么走得这样远？”那个问：“你们在路上打了多少次仗？”指战员耐心地宣传党的政策。群众也帮助部队杀鸡宰羊，烧水做饭，军民关系呈现一片新气象。

10月19日，党中央和毛泽东率领的陕甘支队到达陕甘苏区吴起镇，与陕北红军会师。一方面军胜利结束了历时一年的长征。在这次艰苦卓绝的长征中，叶剑英发挥了自己的聪明才智，越过了千山万水，经受了严峻的考验，在漫长的革命征途上留下了坚实的足迹。他为党为中国革命又一次作出了重要的贡献。

（本文选自中国共产党新闻网，有删节）

1933年12月，叶剑英（左起）同杨尚昆、彭德怀、刘伯坚、张纯清、李克农、周恩来、滕代远、袁国平在福建建宁合影

粟裕指挥莱芜战役

文 / 薛亚利

粟 裕

粟裕（1907年—1984年），原名粟多珍、粟志裕，侗族，湖南会同人。1927年加入中国共产党，参加南昌起义。长征时留在南方组织游击战争。抗日战争期间，任新四军第二支队副司令员。1941年任新四军第一师师长。1947年任华东野战军副司令员。1955年9月被授予中国人民解放军大将军衔，以及一级八一勋章、一级独立自由勋章和一级解放勋章。

齐鲁大地的莱芜是一座英雄的城市，粟裕是被毛泽东授予的开国第一大将。六十三年前，在这片英雄的土地上，被誉为“常胜将军”的粟裕直接指挥过一场惊天动地的大仗——莱芜战役。这一仗使蒋介石和他的“第一大将”陈诚为之“心寒”；这一仗三天时间共歼敌达六万之众；这一仗创造了中国战争史上少见的奇迹。从而彻底粉碎了解放战争中国民党当局企图在山东会战中歼灭解放军主力的阴谋。

1947 年初，解放战争的全国战局继续以华东战场为中心展开，主战场转入山东解放区境内。

面临和平攻势破产，军事进攻惨败的国民党当局，制订了一个“鲁南会战”计划，采取集中重兵于主要战场的战略部署，调集三十一万兵力于华东战场，企图迫使华东野战军主力决战于我山东解放区首府临沂地区。蒋介石特派他的参谋总长、“第一员大将”陈诚坐镇徐州指挥。陈诚依恃其兵力上的优势，扬言：“即使全是豆腐渣，也能撑死共军！”

针对敌军的部署，中共中央政治局及时发出了“迎接中国革命的新高潮”的号召。毛泽东指出，为彻底粉碎蒋军的进攻，必须在今后几个月内再歼灭蒋军四十至五十个旅，这是决定一切的关键。为此，他代表中央军委电示华东野战军：采取诱敌深入的作战方针，连续打数个大歼灭战，以彻底粉碎蒋军向鲁南的进攻。

国共双方的战略态势表明，一场规模空前的大战迫在眉睫。

蒋军根据“鲁南会战”的计划，命集结于南北两线的部队组成两个突击集团，企图夹击集结于临沂地区的华东野战军主力。

华东野战军司令员陈毅、副司令员粟裕和副政委谭震林密切关注敌军的动向，得知敌人有“集结更大优势兵力与我在鲁南决战”的企图，决定集中五十个团的兵力，粉碎敌人的新攻势。而在如何打上，则经历了一个由“南征”改为“北战”的战役决策过程。开始，华东野战军前委决定先打南线之敌，诱敌北进到临沂外围，再予以各个歼灭。但是敌军采取稳扎稳打，齐头并进的战法，一时难以分割歼灭。在这种情况下，粟裕认为，北线之敌兵力较少，战斗力相对不强。如果我军放弃临沂，主动隐蔽北上，先歼击北线之敌，既可置南线敌人强大兵团于无用之地，又可出其不意地歼灭北线的李仙洲集团，从而粉碎敌人南北夹击的企图。这时，陈毅提出了一个“舍南取北”的作战构想，要粟裕进一步思考并提出具体作战方案，这样陈、粟两人的想法不谋而合。接着，经过充分讨论，制定出了北上歼敌的作战

莱芜战役中的共产党员战士

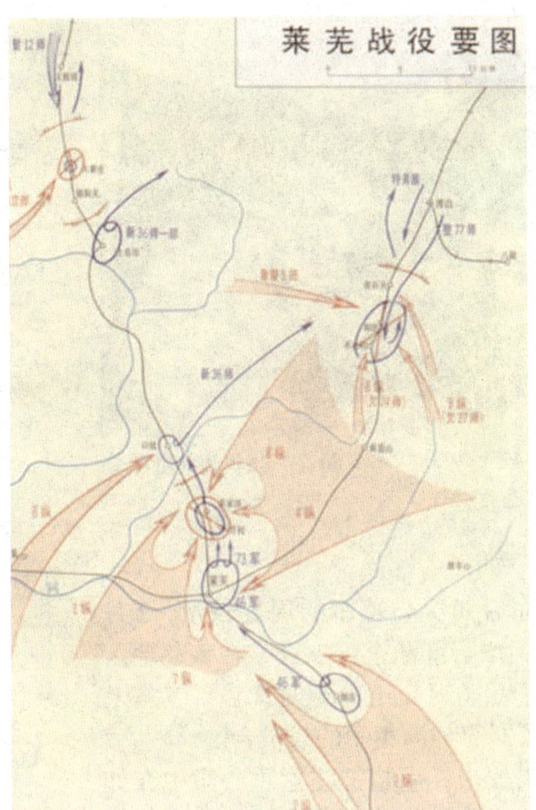

莱芜战役要图

莱芜战役指挥所旧址外景

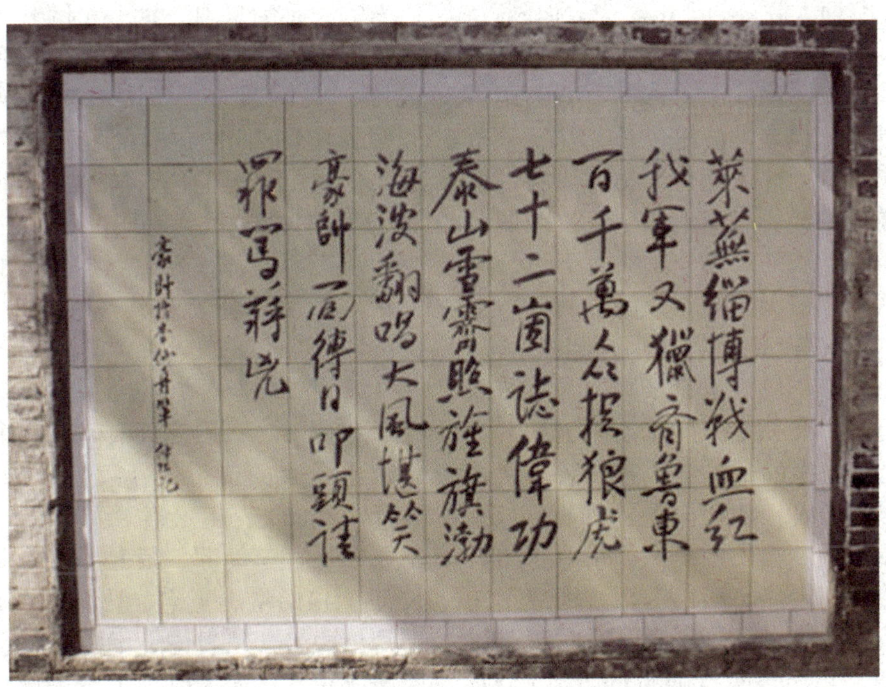

陈毅元帅为庆祝莱芜战役胜利所题写的莱芜大捷瓷壁诗

方案，陈毅、粟裕、谭震林联合署名上报中央军委。毛泽东为中央军委起草复电，同意作战方案，并指示："总之，先打弱敌，后打强敌，力争主动，避免被动。"

这样，经最高统帅部和战区指挥员上下结合，互相启发，互相补充，一个切合实际的莱芜战役作战方案正式形成。肩负战役指挥重任的粟裕，立即展开紧张而又复杂的战前准备和战役组织工作。

为了迷惑和调动敌人，陈、粟采取了一系列"示形于南，击敌于北"的策略。具体为：一示南征之形，在军事上隐蔽北上歼敌的意图；二示决战之形，以迎合敌人企图在临沂与我决战的心理；三示失利之形，主动放弃临沂，使敌人产生我军连战疲惫、不堪再战的错觉；四示西进之形，使敌人难以辨明我军北上作战的真实意图。

蒋介石、陈诚果然中计，陶醉于虚假的"空前大胜"的战报之中。而陈毅、粟裕、谭震林却暗暗发出了在北线作战的行军命令。南线主力部队，冒着雨雪风寒分兵三路向北急进。每天从"日落村"出发，到"天亮村"宿营。与部队并肩前进的，还有当地数十万支前的民工。当时，从临沂到蒙阴一百五十公里的地区内，白天宁静，夜晚沸腾；山上山下，人欢马叫；村前屯后，熙熙攘攘；大小道路，车轮滚滚；千军万马，浩浩荡荡，好一派人民战争的宏伟场景。

坐镇济南的国民党军第二绥靖区司令长官王耀武，得知华野主力向北运动，有包围李仙洲集团的企图，采取了"机动作战"的策略。粟裕密切注视敌军动向，敌变我变，因势利导，适时调整作战部署，并加速实行战役的合围计划。

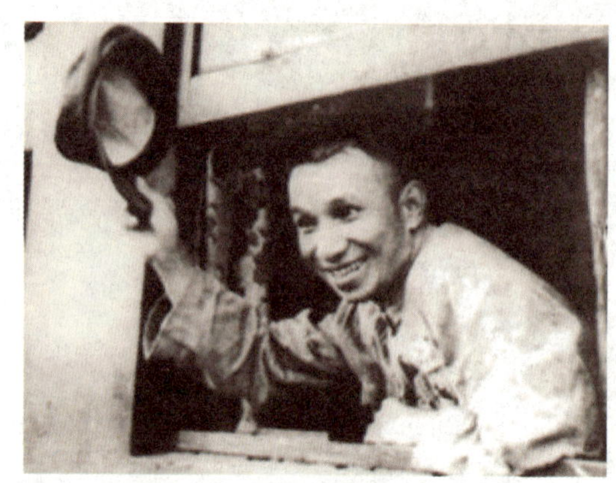

1949 年 9 月，粟裕乘火车赴北京参加政协第一次全体会议

经过先后四次与蒋军的周旋较量，2 月 20 日，华野部队全部展开，在莱芜地区形成了兵力对比上的绝对优势，基本上完成了对李仙洲集团的战役合围。

决战中，粟裕把注意重心集中在如何达成对李仙洲集团的全歼上，在作战指导思想上辩证地处理网开一面与四面包围的关系。采取三阙一，网开一面的战法，调虎离山，纵敌出城，然后四面包围，收网捉鱼。到 2 月 23 日中午，五万多蒋军被团团包围在东西三四公里、南北十一二公里的袋形阵地里，北进不能，南退不得，乱作一团。到下午 5 时，李仙洲集团大部被歼灭。乘隙逃出的第七十三军军长韩浚及其残部五千多人，也被华野部队截击全歼。

莱芜战役至此胜利结束。这一仗打得干净利落。只用三天时间，我军以伤亡六千余人的代价，歼敌七个师（旅）五万六千余人，生俘第二绥靖区（中将）副司令长官李仙洲、第七十三军中将军长韩浚和少将十七名，击毙少将师长、副师长两名。使鲁中、渤海、胶东解放区连成一片，大大改善了华东野战军的

1937 年 8 月，南方游击队奉命改编为新四军。这是改编时，粟裕（后排左六）同部分干部合影

战略态势，华东战场的形势从此转入一个新阶段。

延安总部发言人发表评论，“盛赞华东人民解放军全体将士及其领导者陈毅、粟裕将军”。陈毅对记者发表谈话，认为莱芜战役的空前大胜，“证明了我军副司令粟裕将军的战役指挥一贯保持其常胜记录，愈出愈奇，愈打愈妙”。粟裕在总结莱芜战役的经验教训时，满怀深情地说：“我们能够调动敌人，使敌人听从我们的指挥，最终歼灭敌人，再一次证明了毛主席战略指导的正确和人民战争思想的光辉。如果没有当地广大人群众的全力支持和与部队的并肩作战，莱芜战役的胜利也是不可能的。”

历史的烟云已经越过了六十多个春秋，但回忆起来还好似历历在目。莱芜战役的胜利永载史册，粟裕将军杰出的军事指挥艺术永载史册，莱芜人民对中国革命的贡献永载史册。

（本文选自中国共产党新闻网）

王树声创建鄂西北根据地始末

文 / 杨芳展

王树声

王树声（1905 年—1974 年），原名王宏信，汉族，湖北麻城人。1926 年加入中国共产党。1928 年后历任中国工农红军团长、副师长兼团长、师长、红四方面军副总指挥兼第三十一军军长、西路军副总指挥兼第九军军长等职。抗日战争全面爆发后，任晋冀豫军区（后为晋冀豫边游击司令部）副司令员、代司令员。解放战争时期，历任中原军区副司令员兼第一纵队司令员、鄂西北军区司令员兼政治委员、鄂豫军区司令员等职。1955 年 9 月被授予中国人民解放军大将军衔，以及一级八一勋章、一级独立自由勋章和一级解放勋章。

王树声

1946年6月，李先念、王树声、郑位三指挥中原军区部队，展开了震惊中外的中原突围战役，率领部队杀出了国民党三十余万大军的重围，在十堰市广大地区创建鄂豫陕和鄂西北根据地，胜利地拉开了全国解放战争的序幕。

指挥机关驻扎猫塔河

1946年8月下旬，王树声率军区、党委来到了猫塔河、官山河，中心驻地在东沟。东沟是猫塔河的腹地，山地形似莲花状，四周分立于五个山寨，把住通往郧阳城、六里坪、房县、白浪堂、白河进出口要道，"莲花"的"花蕊"就是泰山庙。

7月初，王树声指挥十五旅机动活动在猫塔河、官山河一带。9月2日，王树声指令，"猫塔河急成立税务局，让来往客商缴纳一定数额游击税，确保增补我食"，军区"及（急）令严防事关机密"事项，"为配两华必在部内干部克服北归之意，凡我所到之处，迅建政权，广泛统战，做好军需供应、粮布、电、药等妥保，以备紧用。抓住有利战机清剿正规顽军"。王树声又于9月26日起草了建立鄂西北根据地的指示。《指示》要求各分区不放松消灭分散的国民党正规军，于半个月之内将冬衣全部解决，但决不能违反政策乱搞，解决粮食问题对长期坚守武当山具有决定作用，要暂时利用旧有保甲人员，采用旧人行新政的办法，以群众是否拥护为标准，要大力纠正当时部队存在的北归、东归思想。9月10日，中共中央致电王树声："坚决克服归队思想，在敌人后方创立几个根据地，立稳脚跟，牵制大量敌人，这是你们的神圣任务。"

从9月开始，王树声率五千余名子弟兵（最多时八千余人）流动驻扎在武当山地区，进行创建以武当山为中心的鄂西北根据地的艰苦探索。9月初的一天，王树声来到与猫塔河一个山头之邻的西河中院赵家海家，并在此家门前稻场上召开十五旅三千余名将士转战紧急动员会。在十五旅于9月中旬开至郧西、镇安归还第二纵队建制后，王树声对直辖的三军分区的领导进行了调整，由第三旅的军政领导在三分区三地委任职，汪乃贵任司令员，张力雄任政治委员。并撤销野战旅，第七团由鄂西北军区直接指挥。从此，善打恶仗的第七团和以陕南人员为基干的九大队，流动驻扎于猫塔河、官山河沿线，由江汉军区二团一部机动于武当山南侧，部队共有五千余人。为了加强对这一地区工作的领导，王树声调富有地方工作经验的竹山县委书记朱正传任均郧房县县委书记。朱正传任均郧房县县委书记时，县委、县政府就驻在猫塔河东沟周八爷庄园，大部分时间活动在王树声左右。

反"清剿"斗争的艰难

从1946年9月开始，王树声创建鄂西北根据地进入反"清剿"的艰难对峙阶段，国民党军调集了整编第六十师的第十三、一八五、一九九旅和整编第十师的第十、八十三旅，对鄂西北根据地发动大规模“清剿”。面对国民党军的“清剿”，王树声部署各部队积极开展反“清剿”斗争。9月19日，王树声指挥刘昌毅率第七团袭击了老白公路上的草店，歼灭驻守该地的保安团。接着，刘昌毅又率第七团攻打均县县城南关，并搞到一批粮食、布匹、棉花和药品。国民党军发现第七团是主力之后，遂以第一八五旅紧追不舍，第七团则三次在武当山北侧的猫塔河、官山河一带迂回，拖得第一八五旅疲惫不堪。

面对国民党采取“棋盘战”“穿梭战”和“反复扫荡”等战术和“五家连坐”、封锁交通、抢夺粮食等手段，王树声在武当山继续率鄂西北军区部队展开艰苦卓绝的反“清剿”斗争。10月10日，东沟的红岩子大捷，是鄂西北区党委、军区首脑机关的一场保卫战。这天晚上，泰山庙下李兴喜家的道场和房前空地、房后竹园遍地都是新四军战士，李兴喜的一千公斤红薯当场给新四军做了“夜宵”。10月中旬，王树声部署七团从武当山下来，夜袭驻青山港的郧县保安团，歼敌一千余人，缴获大批军需物资。10月下旬，江汉二团在丁家营击毁国民党军满载弹药的汽车两辆，取走十余箱炸药后将其全部炸毁。11月中旬，第七团和第三分区第九大队在均县的娘娘山、园林山一带遭国民党军第一八五、十旅跟踪追击，双方激战数日，七团和九大队冲出包围，转移到猫塔河北面的茅坪地区。11月下旬，国民党军第一八五、十三旅又跟踪而至，将七团和九大队包围于茅坪的马蹄山上，第七团和第九大队英勇作战，一天连续打退国民党军六次进攻，最后以白刃格斗将其击退，缴获步枪三十余支、子弹四十九箱，自己亦伤亡二百余人，傍晚辗转回到武当山。从12月上旬至1947年4月，在国民党军重兵围堵之下，王树声、刘子久、刘昌毅率军区机关、警卫团和第七团，相继从猫塔河、官山河逐步向南转移。在这一段时间里，国民党断交通、抢粮食。三地委发动群众解决部队供给，因此在老百姓手中留下许多借据。

王树声在武当山坚持游击战争期间，牵制敌六个整编师十六个旅和十二个地方保安团，共十万人达半年之久。完成了党中央和中原局赋予的光荣而艰巨的任务，支援了全国解放战争，中共中央和毛主席曾做过高度评价。在王树声率部征战武当山的艰苦岁月里，如果没有猫塔河人民乃至十堰人民群众的支持和保护，不知还要遭受多少艰难困苦和牺牲。

（本文选自秦楚网）

鄂豫皖革命根据地

许光达将军在忻州

文/秦雁亭

许光达

许光达（1908年—1969年），原名许德华，湖南长沙人。1925年加入中国共产主义青年团，同年转入中国共产党。1926年入黄埔军校学习。抗日战争时期，任中国人民抗日军政大学训练部部长、教育长、第三分校校长，中共中央军委参谋部部长兼延安交通司令、防空司令和卫戍区司令员，中央情报部一室主任，晋绥军区第二军分区司令员，八路军一二〇师独立第二旅旅长、雁门军区司令员。解放战争时期，任晋绥军区第三纵队司令员，第一野战军第二兵团司令员。1955年9月被授予中国人民解放军大将军衔，以及一级八一勋章、一级独立自由勋章和一级解放勋章。

主动请缨　投身抗日前线

1942年，日军集中大量兵力对抗日根据地进行疯狂的轮番大“扫荡”，致使敌后抗日力量遭受挫折。为加强敌后斗争的领导力量，毛泽东主席发出了党的高级领导干部要到抗战第一线的号召。

这时，从苏联学习回来后一直在延安担任抗大校长、军委参谋部部长、卫戍司令等要职的许光达，主动向中央提出请求，希望到抗日前线工作。时任晋绥联防军司令员的贺龙高兴地把他叫到自己的办公室说：“那好，你归队，到我们晋绥军区来。把你这些年灌的墨水，在抗日前线好好地倒一倒！”

这一席话，让许光达异常激动，从内心感激贺老总对自己的理解和支持。自从1932年在洪湖负伤离开部队后，许光达便赴苏联莫斯科一边疗伤一边学习，回国后任抗大总校教育长等职。在这期间，他专门从事马克思主义的军事理论研究，撰写了《抗大最近的动向》《战术发展的基本因素》《论新战术》《军队的组织问题》《红六军历史材料》《历史的回顾》等著作，较系统地阐述了建立农村革命根据地、军队建设、开展游击战争及战略战术等问题，奠定了坚实的军事理论基础。如今抗战进退维谷，晋绥军区又是陕甘宁边区的前沿，正是自己一展身手的最佳时机和绝好战场。

“打算单刀赴会呢，还是两口子上阵？”贺老总沉吟片刻又问。因为这时，许光达与夫人邹靖华已有了两个孩子。老大是个男孩，叫许延滨，后边是个女儿，取名玲玲，还在哺乳期，这都是一些具体困难。许光达笑了笑说：“一起去！都安顿好了，我妹妹留在延安，儿子就交给她。女儿还在吃奶，只好驮在马背上出征了。”

“光达，你这是硬要学薛仁贵呀！”毛泽东在他的办公室里像是探究又像是质询地说道。许光达憨厚地笑了笑，算作回答。不日命令下达，许光达被任命为晋绥军区第二分区司令员兼独立第二旅旅长。邹靖华随同前往二分区工作。

1942年的寒冬，许光达一行踏上晋西北的战场。

开展统战工作　打开局面

地处晋西北的晋绥二分区管辖着保德、河曲、偏关、五寨、神池、岢岚六个县，是晋绥军区至关重要的前哨阵地。如果说晋绥是华中、华北、华东的敌后根据地，是陕甘宁边区的屏障，那么二分区就是这屏障上的一块顶门石。所以，日伪军的“扫荡”“蚕食”非常频繁猖狂，六个县中已有神池、五寨、岢岚、偏关四县的县城被敌人侵占。在大据点周围和公路沿线，敌人还设立了许多“卫星”式的据点，使我军的活动受到较大的限制。

晋绥二分区的司令部设在保德县的康家滩村。一天，许光达来到河东黄河滩上，视察二分区直属部队的军事训练。河对岸是陕西的府谷县城，驻扎着国民党军第八十六师二五八团，此时也在河西黄河滩上练兵。两军隔河相望，听得清指挥员的口令，看得见士兵的刺杀动作。

突然，从河对岸传来一声枪响。我方队伍中一名战士被击中腹部。几个战士就地一卧，当即进行还击，只见黄河对岸的国民党士兵也有一人栽倒在地。两岸部队全部趴在河滩上，互相瞄准，谁也不敢妄动。随行的作战科科长陈阳春介绍说，类似这种隔河挑衅的情况是

家常便饭。前不久，部队在河曲没收了一个汉奸的财产，当晚对岸二五八团就有一个连长带着兵和船过来，又杀人又放火，折腾了小半夜。后来才搞清，这个连长就是汉奸老财的儿子。“怎么不去做工作？就这样听之任之？”许光达不解地问。“谁说没做工作，每次挑衅事件一发生，我们都过河去抗议一下，公开宣传国共抗日统一战线的道理。搞一次好一点，可总是除不了根，大摩擦没有小摩擦不断。”陈阳春解释道。

“好！就以河对岸的二五八团为突破口，开展统一战线工作，进行有理、有利、有节的反摩擦斗争，打开工作局面。在斗争中发展壮大我们的军队和抗日根据地。”经过深思熟虑后，许光达说服地方上的领导，派出晋绥二分区供给部的政委李三楼和晋绥边区第二中学校长范若愚二人，以八路军一二〇师独立第二旅参议员的身份，去河西找二五八团团长高致国，宣传共产党的抗日政策和统一战线主张。一段时间后，二五八团不再放黑枪了，也不再过河抢劫、闹事了。

一天，河对岸的高致国突然以个人名义给许光达送来一封赴宴请柬。突如其来的宴请，急剧升温的热情，使大家都怀疑这是敌人的阴谋，不能去！许光达沉思片刻后说：“即便是‘鸿门宴’，我也要闯一回！”

宴会上，宾主的致辞显得得体而富有诚意，许光达利用这一难得的机会，举杯相邀全场：“诸位，国难当头，生灵涂炭，两党合作是历史必然！我们都是炎黄子孙，不论政治见解怎样，父母之邦总不能不要。我们的口号是‘中国人不打中国人’！大家都是中国军人，凡是有点血性就该枪口朝外，共负守土之责，决不能做民族的罪人。”高致国被这位年轻的共产党将领的一席话打动了。这次宴会后，双方的摩擦明显减少。但同时，河西内线的情报却证实，日本人也在拉拢高致国。

为了进一步做好统战工作，许光达决定让高致国见识一下八路军的军威，也回请对方一次。这天，许光达全程陪同高致国一行参观了八路军的训练、生产和保德县县城的抗战秩序。特别是民兵表演的夜间作战和地雷战演习，更让高致国惊讶。他怎么也没有想到，日军反反复复的“扫荡”竟不能使抗战军民的斗志有丝毫削弱，仍有如此威武的军队和如此井然的社会秩序。许光达对高致国说：“保家卫国，众志成城。谁能坚持抗日，谁就能得到民众的拥护。现在一些中国军人得了‘恐日症’，就怕日本人。希望你不要听信挑唆，做出对不起朋友的事。”“那是，那是。”高致国十分诚服地回答。

利用边区的进步文化做统一战线工作，是许光达采取的又一有效手段。晋绥二中副校长武进卿根据许光达的建议，以岳飞精忠报国为题材，创作了一台晋

敌后军民正在埋地雷

1941 年，许光达在延安

许光达

1948 年，许光达在洛白战役祝捷大会上讲话

剧历史剧《十二道金牌》。晋绥二中校长范若愚自告奋勇饰演岳飞。1943年八一建军节的这一天，许光达和政委商量，组织了一个八千多人的庆祝大会，专门派人到河西，把二五八团的军官及其家属全部请过来看戏。高致国握着许光达的手说："高某虽无岳飞之志，但也是五尺汉子，请许司令员放心，从今往后我二五八团将严守抗日统一战线和双方的协议，决不再与贵军发生任何摩擦！"从这以后，双方不仅未产生摩擦，而且当遇上有"上峰"视察"河防"非得对河东八路军"有所表示"时，高致国也暗中通知部下，放枪的时候子弹多往空中打。他们还偷偷卖给二分区一部电台。一次，日军田村大队长联络高致国配合"扫荡"，高以身体患病未愈，不能行动为由拒绝。统战工作的巨大成功，解除了我军的"西顾之忧"，八路军得以集中兵力挥戈东向、北向进行对日军的斗争。同时，也保证了我军利用黄河船运向晋绥军区（兴县）运粮运煤的任务的完成和黄河两岸群众在社会关系、经济关系上的正常交往，取得了抗战的主动权，这一工作还对二五八团所属的国民党第二十二军整个辖地与我陕甘宁边区神府县接壤的地区的关系也产生了良好的影响。

发展生产　站稳脚跟

日军野蛮的"三光"政策和国民党的经济封锁，使这个土地瘠薄、干旱多灾的地方更加财力枯竭，民不聊生。八路军的困难就可想而知。二分区当时的供应标准极低：不论干部战士都没有菜金，没有油盐，每人每天唯一的主食是七两黑豆。被装方面更差，一个班只发两床被子。没有粮食，没有布匹，没有武器弹药，没有药品……这是许光达来到二分区后面临的又一大难题。为解决这一难题，他在会上号召大家向延安学习，自己动手，丰衣足食，并确定了当前的几项工作：第一，把县城的铁匠铺都动员开起来，解决农具问题；第二，做好开春开荒、播种的准备工作；第三，全军全民齐动手纺棉花，并建立纺纱织布厂；第四，发展养鸡、养猪、养羊等畜牧业；第五，武器弹药和药品找日军要。

在许光达的号召下，保德县马上展开了轰轰烈烈的军民大生产热潮。分区机关是一面旗帜，许光达家有两台纺车，到了晚上，在一盏煤油灯下，许光达两口子一纺就是一个通宵。所有干部和家属都投入生产中，带头开荒种地，养鸡、猪、羊，纺纱织布，还创办了几个小被服厂。从开春开始，所有部队都帮老乡种地，一个班包两户，将沟沟坎坎，所有有泥土的地方都种上了庄稼。机关老老少少全部发动起来纺棉花，任务、质量和期限都交代得清清楚楚，并且任务到人，年底之前，不论交白洋，还是交布匹、皮毛或者现成的棉衣都可以。

这一年的大生产运动开展得红红火火，整个分区部队粮食自给有余，冬装也没用军区下发，另外还集资、筹粮支援了陕甘宁边区。轰轰烈烈的大生产运动不仅使当地军民的生活大为改善，同时也推动了黄河两岸贸易和统战工作的发展。

（本文选自《文史月刊》）

节衣缩食也要支援中央红军

文 / 叶介甫

徐海东

徐海东（1900 年—1970 年），湖北大悟人。1925 年加入中国共产党。参加了北伐战争和黄麻起义。抗日战争时期，任八路军一一五师三四四旅旅长，新四军江北指挥部副指挥兼新四军第四支队司令员，中共中央中原局委员，中共中央华中局委员。1955 年 9 月被授予中国人民解放军大将军衔，以及一级八一勋章、一级独立自由勋章和一级解放勋章。

1935年9月18日，红二十五军长征到达陕北，和当地的红二十六军、红二十七军合编为红十五军团，徐海东被任命为军团长，程子华为政委，全军团共七千余人。

为了粉碎敌人对陕北苏区的第三次“围剿”，徐海东指挥红十五军团在甘泉以北的劳山附近伏击敌一一〇师，经过六个多小时激战，歼一一〇师近两个团和师直属队全部。

为了扩大战果，徐海东又于25日率领二二三团乘胜强攻榆林桥，消灭了敌一〇七师四个营，俘虏了敌团长高福源。高福源原系北京大学学生，后毕业于东北讲武堂，曾当过张学良的警卫营营长。他被手枪团清查出来后，在徐海东面前表现得很硬气，说：“要杀就杀，随你们的便！”

1935年，徐海东率红二十五军到达陕南时留影

徐海东扬起马鞭，本想抽他几下，但一转念头，还是放下手臂，冷笑着说：“哪个杀你！你是东北人，现东北三省被日本强占了，你的父兄成了日本强盗的奴隶，你要有点骨气，为什么不去打日本人。你们东北军弟兄，见了红军，枪都朝天放，你还充英雄好汉，跟红军拼杀！”说得高福源低下了脑袋，不吭声了。

后来在我党的耐心教育下，高福源有了很大转变，他主动要求去做张学良的工作，成为红军和东北军建立统一战线的牵线人，后来还参加了中国共产党。

劳山战役后，徐海东召集军团干部开会，研究与中央红军联络问题，并且每天派手枪团的人进城打听消息，搜集报纸。一天，手枪团的人从敌占区背回一大捆报纸，军部几个人从中翻到一条消息：“毛匪流窜固源、西镇等地骚扰。”这真是大喜讯！徐海东拿起这张报纸看了几遍后，告诉手枪团：“今天好好休息，明天接受新任务。”

第二天一大早，徐海东就派出手枪团战士化装成当地回民向西镇出发。黄昏时分，侦察员回来报告徐海东，已联系上中央红军啦！

徐海东马上找来经理部部长查国贞问：“我们手里有多少钱？”

查国贞说：“一万元边币。”

徐海东听后命令说：“中央红军到了，他们一路很辛苦，我们多送些钱去，这些钱都送去，一点不留。”

他怕查国贞想不通，又解释说：“中央红军刚到，困难比我们多，我们要勒紧腰带，多为中央红军解决困难。”他还让财务科科长傅家选代红十五军团领导

人给彭德怀和毛泽东写了封信，表示拥护党中央领导，拥护党中央北上抗日的正确主张。信写好后，徐海东让手枪团侦察员将钱和信用一块蓝色的印花布包好，立即送去。第二天，侦察员返回部队，带回一封复信：

徐海东、程子华、刘志丹：

你们辛苦啦！感谢你们的帮助和支援。我们日久听到了二十六军同志们在陕甘区长期斗争的历史，二十五军同志在鄂豫皖英勇斗争的历史，和在河南、陕西、甘肃的远征，听到了群众对你们优良纪律和英勇战斗的称赞。最近听到你们会合的消息，不断取得消灭白军、地主武装的胜利，这些使我们非常喜欢。现在，中央红军、二十五军和陕北红军这三支部队会合了！我们的会合，是中国苏维埃运动的伟大胜利，是西北革命运动大开展的导炮！我们表示热烈祝贺！

此致

敬礼

中国工农红军北上抗日陕甘支队

司令员　彭德怀

政治委员　毛泽东

11月初，徐海东带领七十五师、七十八师攻打张村驿。战斗刚开始，程子华派通信员送信给徐海东，说中央红军到了。徐海东喜出望外，立刻命令部队暂时停止攻击。他翻身上马，向军团部驻地奔去，六十多千米的路，三个钟头就赶到了。徐海东进屋坐下不久，毛泽东到了，陪同来的有彭德怀、李一氓、贾拓夫等人。经程子华介绍，毛泽东认识了徐海东，同他握手问好。

毛泽东说："海东同志，你们辛苦了！"

斯诺先生给徐海东拍摄的照片

徐海东连声说："中央领导同志辛苦，中央红军辛苦！"

徐海东汇报了当前敌情。毛泽东取出了比例为1∶300000的军用地图，一边听，一边看地图，还不时地点头，彭德怀也在一旁聚精会神地听着。

毛泽东问："你们说这第三次'围剿'能粉碎吗？"

"能，完全可以粉碎。"徐海东说。

这时，警卫人员端上饭菜，大家边吃边谈。吃完后，徐海东对毛泽东说："我马上回前方去。"

毛泽东交给他一部电台，要他带到前方使用。

当晚，徐海东返回前方，向红军指战员介绍了他见到毛泽东的情况，并发出攻打张村驿的命令。战士们爬上张村驿两丈多高的围墙冲了进去，攻克了这个有三百多支枪的民团据点。战斗结束，

1936年2月，红一军团、红十五军团部分领导干部在陕西淳化县合影（前排左一为徐海东）

一切都准备齐后，这些物资和人员被转交给了中央红军。

11月6日，中央红军同红十五军团胜利会师。

此时，天气骤然变冷。徐海东考虑到应该给战士特别是从南方来的战士添点衣物，让大家过个温暖的冬天。一天，他来到经理部，问他们还有多少钱现洋。回答有七千块，并报告了添冬装要用多少，买药用多少，买盐、买油……要是再多三五千块，这个冬天就好过了。

徐海东指示经理部，要尽快发钱给各团改善伙食，添置冬衣，以后打了胜仗，从敌人那里缴获了钱再补给他们。

可第二天，中央红军派杨至诚来见徐海东，杨至诚从衣兜里掏出一张毛泽东亲笔写的要借两千块钱以解决吃饭穿衣问题的纸条。徐海东马上把经理部部长找来，要他们把七千块钱留下两千块，拿出五千送给中央。经理部坚决照办了。

不久，彭德怀见到徐海东说："那些钱真是'雪中送炭'，应多多感谢你这位财神爷！"

1936年2月，红一军团和红十五军团组成中国工农红军抗日先锋军，在毛泽东、彭德怀的统率下，渡河东征。

红十五军团由徐海东、程子华率领从舍峪里渡河，经临汾、文水东进，前锋进占离太原只有五六里路的晋祠。沿途发动群众，宣传群众，扩大红军，筹款，征集物资，为抗日战争作准备。

（本文选自中国共产党新闻网，有删改）

徐海东用毛泽东赠送的电台，向中央报告了张村驿战斗胜利的消息。

为了从人员和物资上支援中央红军，十五军团专门召开了干部会议进行动员。大家一致表示：给中央红军送礼物，是全军团的心愿。

徐海东宣布了军团支援中央红军的人员和物资的决定：一是每个连队抽出机枪三挺和部分其他枪支、弹药；二是经济部、卫生部抽出部分衣物、医药用品；三是将榆林桥和劳山战役中编入的全部解放战士补充给中央红军。为了保证质量，做到三不送：不送缺损零件的枪支、不送变质药品、不送破脏衣服。军团部还成立了督促小组，检查各连队任务落实情况。每个连队都组织人员擦洗枪支，补洗衣服。保证每支枪不但完好无损，而且油光发亮，没有锈迹。许多人还把自己的羊皮袄拿出来，送给中央红军。解放战士也积极响应号召，为了争取早日到一军团，当一名光荣的红军战士而努力学习，军事素质提高很快。

开国上将李达在中原

文 / 马国福

李　达

李达（1905 年—1993 年），陕西眉县人。抗日战争全面爆发后，任八路军第一二九师参谋处处长、师参谋长。1943 年兼任太行军区司令员。参与创建晋冀豫、冀南、太岳等抗日根据地，协助刘伯承等组织指挥神头岭、响堂铺、晋东南反“九路围攻”、磁武涉林等战役战斗和百团大战。1953 年参加抗美援朝，任中国人民志愿军参谋长。1955 年 9 月被授予中国人民解放军上将军衔，以及一级八一勋章、一级独立自由勋章和一级解放勋章。1988 年 7 月被授予中华人民共和国人民解放军一级红星功勋荣誉章。

抗日烽火身先士卒

1945年1月下旬，为开辟道清铁路（河南滑县道口至博爱县县城）两侧的豫北地区，加强太行军区与豫西新区的联系，李达指挥太行军区部队在豫北发起道清战役。

道清战役第一阶段，由地方武装和民兵袭扰日伪军控制的城镇据点和交通线。李达指挥太行军区第七、八军分区部队于1月21日夜间突然从九里山（修武北）远程奔袭道清铁路以南的小东镇、宁郭镇，而后又会同平原分局党校警卫团及地方武装，连克平汉铁路以西日伪军据点十六处，并在焦作以南樊庄附近全歼日军第一一七师团一个中队，巩固了路南新开辟的地区。

2月20日，道清战役第二阶段作战打响。李达以三个团进攻伪第五方面军独立第十四旅旅部五里源，两个团进攻五里源外围据点陆村。陆村和马坊、焦庄等据点先后被攻克，据守五里源的伪军放弃据点打开东门逃跑。随后，李达命令各团抓住伪军官兵军心动摇的机会，迅速东进辉县地区扩大战果。各部队立即东进，势如破竹地攻克伪军据点、碉堡五十九个，并一度攻入辉县县城。

道清战役第三阶段，日伪军判断八路军下一步定会进击辉县、获嘉、修武，连日收缩兵力加强三城防务。李达发现日伪军调整部署后，北起新乡、西至郑州、东至开封的三角地带兵力空虚，决心以一部出击东南方向的原武、阳武（今原阳）地区，一部挺进温县、孟县地区。3月22日夜，第七军分区主力在武工队配合下东越平汉铁路，突袭原武外围的王村、盐店等据点，两度袭入原武城内歼守军一部，并争取原武伪保安大队三百余人反正。第七军分区部队乘胜越过老黄河，兵锋逼近河南省省会开封城郊，驻开封日军一度关闭城门。与此同时，李达指挥第八军分区部队南渡沁河，西进温县、孟县地区，一度攻入孟县县城，造成很大震动。4月1日，道清战役结束。太行军区部队共歼灭日伪军二千五百余人，收复国土二千多平方公里，解放人口七十五万；建立起四个县级抗日民主政权，打通了太行抗日根据地与新开辟的豫西抗日根据地之间的联系。

安阳战役水冶战斗中被我摧毁的日军碉堡

安阳战役指挥若定

李达曾说：“我是一个参谋长的材料，我能根据任务、敌情、我情、地形、时间设计出四五种打法，但最后一拳头，究竟按哪一种打法办，还是要主官来下决心。”

其实，这是他的自谦之词。每次战斗，他指挥作战都是得心应手的。继林南战役之后，1945年6月29日至7月9日，李达又成功地指挥了安阳战役。

安阳战役，李达集中了九个正规团一万余人的兵力，以及六千九百名民兵、两万五千名自卫队员。在作战方针上，大胆地以运动战为主、游击战为辅；在用兵上，突出“重点主义”的原则，集中兵力于主要方向，即敌人的弱点和要害；在战法上灵活多变，将“围点打援”“掏心战术”、破击交通线等结合起来。

鉴于安阳战役进展顺利，李达决心扩大作战的规模，即分兵南下汤阴地区，北上观台至丰乐铁路沿线，乘胜扩张战果。7月4日，第一支队挺进到汤阴县境内，攻克鹤壁集和鹤塔，全歼孙殿英伪暂编第九师第二十六团，并缴获轻重机枪四十二挺。李达指示抓住战机南进，对鹤壁集以南动摇之伪军加强瓦解和争取，对顽抗者坚决攻歼。第一支队奉命向鹤壁集以南敌占区纵深挺进，攻克时丰、唐仲等十几个据点，迫使伪军两个中队反正，开辟平汉铁路以西大片地区。在第一支队南下鹤壁平川的同时，第二、三支队并肩北上，展开对观台至丰乐铁路线的大破击战。李达来到破路现场，号召战士、民兵、自卫队队员尽量多拆多运铁轨，以运回太行山区后制造武器和农具。驻丰乐火车站日伪军出动六百余人企图阻止破路，遭第三支队猛烈阻击后缩回丰乐。驻观丰铁路两侧据点的日伪军或被歼灭或望风逃走，所有碉堡和炮楼均被参战民兵和群众平毁。7月9日，安阳战役胜利结束，共歼日伪军三千三百余人，另击溃九百余人，收复国土一千五百余平方公里，解放人口三十五万。

（本文选自《河南法制报》）

1949年，李达（右一）与第二野战军部分将领合影

有勇有谋韩先楚 旋风司令铁将军

文/李　林　毅　军　夏若天

韩先楚

韩先楚（1913 年—1986 年），湖北黄安（今红安）人。1930 年加入中国共产党。抗日战争时期，任八路军第一一五师三四四旅六八八团副团长、六八九团团长，三四四旅副旅长、代旅长，新三旅旅长兼冀鲁豫军区第三军分区司令员，中国人民抗日军政大学第一大队大队长。解放战争时期，任东北民主联军第四纵队副司令员、第三纵队司令员，第四野战军十二兵团第二副司令员兼四十军军长和湖南军区副司令员。1955 年 9 月被授予中国人民解放军上将军衔，以及一级八一勋章、一级独立自由勋章和一级解放勋章。

在国内革命战争和抗美援朝战争中，韩先楚一贯以积极求战，敢于打硬仗、打恶仗、打没有命令的胜仗著称，曾被誉为“旋风司令”“铁将军”。

韩先楚与夫人刘芷

韩先楚十六岁参加红军，入伍就当上了副班长，第一仗是对付被国民党收买的号称“刀枪不入”的红枪会。红军大队一时势弱，队长想撤出战斗。他一把抓住队长，大吼：“不能跑，跑了损失更大，往死里打，我就不信他们真的打不死！”红军大队重新组织火力，韩先楚率先跃起，带领战士们冲向敌人，一下子又活捉了几十个。这一仗过后，韩先楚当上了排长。

班、排、连长在战场上身先士卒，冲锋陷阵，是理所当然的，团长率队冲锋就比较少见了，而师长、军长仍与战士一道冲锋，则极为罕见。韩先楚就集这些“罕见”于一身。

1935年9月，红二十五军到达陕北，与陕北红军组建了红十五军团。韩先楚到陕北后，参加了陕甘苏区反“围剿”。1936年2月，韩先楚升任红十五军团七十八师师长。

1936年5月，韩先楚率红十五军团七十八师途经宁夏定边。守敌马鸿逵一骑兵营依仗城坚，固守不出。韩先楚策马绕城一圈，说：“敌惧我歼，攻城可克。”正待攻城时，红一方面军司令员彭德怀来电：“置定边于不顾，继续绕道前进。”接到彭德怀的命令，韩先楚犹豫起来：打，则违令；不打，则太可惜，将来攻取定边，肯定要付大代价。思前想后，韩先楚决定：“打！”最后，在定边取得了不小的胜利。作为“以服从命令为天职”的军人，罪大莫过于“抗令不遵”，而韩先楚根据实际情况和全局需要，违抗性烈如火的彭大将军的命令，可见其“胆子”之大。未承想听闻喜讯的彭德怀大悦，发贺电说：“你们机动灵活，攻克定边，庆祝胜利，防务移交宋、宋（二十八军军长宋时轮、政委宋任穷），继续向盐池前进。”

1938年，在攻打马庄的战斗中，我军进攻一时受阻。在关键时刻，一个小个子军官，提着手枪怒发冲冠地向前沿阵地跑去，在他的带领下，原先已退下来的部队又潮水般涌向敌阵。在一片喊杀声中，我军终于将日军坚守的堡垒拿下。刘伯承从望远镜里看到这一切，高兴得连声叫好。他问身边人：“那个小个子是谁？”参谋告诉刘伯承，那人是六八九团（红军整编后干部均降级使用）

团长韩先楚。刘伯承夸赞道："韩先楚好样的，这个部队行！"

战争中最不可思议的事也曾发生在韩先楚的身上，令人咋舌称奇。在长征路上，攻打敌人一个据点时，一颗手榴弹飞来。韩先楚衣服上有个窟窿，手榴弹竟鬼使神差地从衣服窟窿里钻了进去。他只听见裤腰里手榴弹导火索在哧哧地响，火星灼得他腰发烫，就等着那一声惊天动地的爆炸了。然而手榴弹竟没爆炸。是一颗臭弹！手榴弹导火索未能点燃的概率在战场上是千分之一，而手榴弹导火索已经点燃却最终不爆炸的概率是几万分之一。

韩先楚可谓福大命大。还有一次，在陕北战斗中，韩先楚正拿着望远镜观察，一颗子弹飞来，击中头部，他应声倒地。韩先楚浑身是血，头肿得如麦斗，所有人都认为没救了，当时还差点把他埋了，谁知后来发现他的一只手动了一下，奇迹般生还……在几十年的枪林弹雨中，死神如影相随，韩先楚倒下过，多次负伤，逝世后骨灰中还有一块弹片，但没有一颗子弹能夺去他的生命，其"福将"之称由此而来。

（本文由八路军太行纪念馆供稿）

1950年5月10日，海南岛战役前线指挥员合影。前排左二起：冯白驹、邓华、韩先楚、李作鹏

周士第率军起义血战会昌

文/虎　川

周士第

周士第（1900年—1979年），广东乐会（今海南琼海）人。1924年毕业于黄埔军校，同年加入中国共产党。抗日战争时期，任八路军一二〇师参谋长兼中国人民抗日军政大学第七分校校长，晋绥军区副司令员兼晋绥军政干部学校副校长，华北军区第一兵团副司令员兼副政治委员，晋北野战军、第十八兵团司令员兼政治委员，太原前线指挥部副司令员。1955年被授予上将军衔，以及一级八一勋章、一级独立自由勋章和一级解放勋章。

拒绝国民党诱惑

南昌起义前，周士第任团长的国民革命军第二十五师第七十三团，驻扎在江西九江。

8月1日早晨，周士第接到第二十五师师长李汉魂打来的电话，要周士第去师部商量要事。在这以前，周士第已经听说张发奎去了庐山参加反共会议，李汉魂刚从庐山回来。接到李的电话后，周士第心里非常着急，因为自己所带的部队究竟如何行动，尚未得到党的指示。

周士第立即召集党的骨干开会，讨论去不去师部的问题。到会同志都怕周士第去师部后被扣，为周士第担心。第一营营长符克振提出由他代替周士第去师部。面对战友的关心，周士第十分感动，说："我去！有天大的危险我也去，你们在家里做好防范准备，万一我回不来，你们要把部队带出去找党。"

周士第带了一个骑兵通信员，从团部驻地骑马到了师部。他先去找身为共产党员的参谋长张云逸了解情况，张云逸刚说了两句话，李汉魂就走了进来。

寒暄以后，李汉魂压低声音对周士第说："张总指挥（指张发奎）很赞赏你，要重用你，希望你跟他走，不要跟共产党走。"

周士第不为所动。李汉魂见说不动周士第，鼻子哼了一声，离去了。

部队大多起义了

这时，有一列火车由南边开来，周士第就走出去探听南昌方面的消息。在车上碰到原叶挺团的许继慎，许继慎见到周士第，吃了一惊，悄悄地对周士第说："南昌起义了，你快回去！"

得到这个消息后，周士第立即下车，从骑兵通信员手中拉过马来，快马加鞭，奔回团部。也就在此时，上级党组织派了聂荣臻来七十三团主持起义。

二十五师多数部队是由共产党员控制的，参加起义的部队有七十三团全部、七十五团三个营，七十四团重机枪连。聂荣臻与各团共产党员骨干商定了具体的起义计划：部队利用下午1时睡午觉的时间开始行动，以野外打猎为名将队伍拉出驻地，七十五团三个营先走，七十四团重机枪连随后，七十三团在最后。下午6时以前须全部到达德安车站附近集中，如遇阻挠破坏起义者，坚决镇压；如遇追赶拦阻之敌，坚决消灭。

下午1时，起义各部队按计划向德安行进，七十三团担任整个起义大队的后卫。当七十三团走到德安车站以北时，张发奎、李汉魂等人带着卫队营乘火车追来。当即遭到七十三团的猛烈射击。张发奎、李汉魂等仓皇跳车，狼狈而逃。听到后尾的枪声，周士第判断可能是敌人追来，当即命令第二、三营占领德安车站西北端高地，准备迎击。

张发奎、李汉魂等人跳车后，火车仍朝前开进，一直开到德安车站才停下，当即被我起义部队包围。车上的张发奎卫队营有五六百人，装备精良。起义部队要他们缴枪，他们说是总指挥部的，不肯缴。聂荣臻指示周士第：赶快解决这股敌人，你下命令要他们立刻缴枪。周士第派了一个参谋去向敌军营长下最后通牒，卫队营见无路可去，这才全部缴了枪。后来，经过宣传，一部分士兵和一些下级军官参加了起义军。

再说张发奎和李汉魂跳车后，两人成了"光杆司令"，站在野地里互相埋怨，张发奎责备李汉魂："你的部队呢？”李汉魂反问张发奎：“你的卫队呢？”

部队和卫队大部分都起义了。

血战会昌

第二天，聂荣臻和周士第带领的这支起义部队到达南昌。党决定这部分起义部队重新编为第二十五师，由周士第担任师长。

8月5日，起义部队陆续离开南昌，周士第的第二十五师为后卫，直到8月7日才撤出南昌，向广东进军。

为了消灭南昌起义部队，国民党抽调大批部队进行围追堵截。南路敌人有三个师十个团，集结于江西会昌一带，以会昌城为中心，环绕会昌城构筑了工事；桂系军阀部队约七个团，集结于附近地区，与会昌成掎角之势，一同堵击起义军。

周士第率领第二十五师从南昌南下后，一直担任后卫。部队赶到瑞金就接到了进攻会昌的命令。赶到会昌城外时，枪炮声已经十分激烈了。

周士第所部七十五团率先发起攻击，以突然的动作夺取了一个山头，占领了有利的阵地。七十三团不甘落后，连续占领了几个山头后，就向二五三一高地以北的几个重要山头猛攻。这几个山头是会昌城西北的屏障，是敌人的主阵地，七十三团组织了几次进攻，都遭到顽强抵抗。

周士第站在山头上观察部队进攻情况，只见敌人依托工事，以密集的火力向我军攻击部队射击，几个战士中弹倒下了，又有几个战士倒下了，但部队仍然冒着弹雨冲上前去，一步步逼近敌人……

二十五师加入战斗后，我军各部又向敌人展开进攻。激战到下午，各部都有些进展。周士第在指挥所看见当面之敌已有些人渡河逃跑了，他判断敌人军心已经动摇，便命令师部司号员吹响了冲锋号。随着师司令部的号声，各团、营、连的冲锋号声接连吹响，震撼了整个山冈。

经过反复冲杀，二十五师攻下了敌人的主阵地，敌人向会昌城方面溃逃。七十四团迅速向会昌城追击。下午4时，我军占领了会昌城。敌南路总指挥钱大钧及其残部仓皇逃跑。平日钱大钧行军打仗都是坐轿子，这时把轿子也扔了，自顾逃命，生怕起义军追赶上来。

26日早上，周士第又接到叶挺军

会昌县城

周士第

长、聂荣臻党代表的命令：援敌到了南山岭，正向会昌城开进，二十五师迅速向城西北出击。

情况来得突然，周士第接到命令时，枪声已经很近了。周士第见时间紧迫，便让李硕勋督促各团迅速出发，自己带着特务连先去城西北占领阵地。

刚刚登上城西北高地，就看见敌人也正向这个高地前进。周士第手一挥，特务连当即向敌人冲去，将敌人冲垮。特务连的行动赢得了时间，二十五师其他部队陆续赶来。每到一个部队，即展开占领一个阵地。后来又分几路向敌人出击，终于打退了敌人。

抓住俘虏一审，才知道袭击会昌的敌人，是桂系军阀的部队，他们不知钱大钧已被打垮，急匆匆赶来，却想不到碰上了硬钉子。

会师井冈山

会昌战斗后，周士第的二十五师仍担任全军后卫。不久，起义军到达潮汕。第二十五师留在大埔县的三河坝，归朱德指挥。

二十五师驻守在三河坝，如果发生战斗，就是背水作战，地形极为不利。于是，周士第下令部队移到三河坝对岸的东文部、笔枝尾山、龙虎坑、下村一带布防。

我军刚刚部署完毕，那个被打跑的钱大钧又补充了十个团的兵力卷土重来。在三河坝，我军顽强抵抗，一次又一次地粉碎了敌人强行渡河的企图，打沉了许多载运敌人渡河的船只。有的船上的敌人全被打死了，船无人掌舵，在河里团团打转。有些敌人挨打落水，被活活淹死。

后来，敌军集中很多大炮和重机枪向我军阵地猛烈射击，终于闯过河来。由于敌军势众，我军渐渐处于下风，守卫在笔枝尾山山顶的七十五团第三营，在营长蔡晴的指挥下，连续战斗了几天几夜，打退了敌人无数次进攻，杀伤许多敌人。终因敌众我寡，弹尽粮绝，在与敌人肉搏之后，全营官兵壮烈牺牲。

就在周士第率领第二十五师在三河坝与敌激战的时候，原被起义军占领的潮汕失守，起义军主力已经失败。由于当时通信联络手段落后，周士第等人并不知道这一消息，仍然认为坚守住三河坝就是对起义军主力最有力的支援，因此仍在三河坝与敌浴血奋战。一直激战三天三夜，东文部、笔枝尾山都被敌人占领，第二十五师处在了绝对优势敌人的三面包围之中。这时，周士第见再打下去就有可能全师覆没，决定退出战斗。

起义军南下失败后，周士第辗转于香港、南京、上海、西安、福建等地，其第二十五师的指战员则跟着朱德、陈毅几经艰苦转战，到达赣南。后来上了井冈山，与毛泽东领导的秋收起义部队会师，成为中国工农红军最初的来源之一。

（本文选自《扬子晚报》）

陈士榘亲手抓获日本俘虏

文/万伯翱

陈士榘

陈士榘（1909 年—1995 年），湖北荆门人。1927 年加入中国共产党。参加了长征。抗日战争时期，任八路军一一五师三四三旅参谋长，晋西支队司令员，八路军一一五师参谋长，山东滨海军区司令员。解放战争时期，任新四军兼山东军区参谋长，华东野战军参谋长兼西线兵团司令员，第八兵团司令员和南京警备司令员。1955 年 9 月被授予中国人民解放军上将军衔，以及一级八一勋章、一级独立自由勋章和一级解放勋章。1988 年 7 月被授予中华人民共和国人民解放军一级红星功勋荣誉章。

大家都知道1937年威名远扬的我八路军一一五师，在山西东北部平型关伏击战中，我军军号劲吹，战士个个如天兵天将降临，几乎全歼了伏击圈内的日本第五师团一千多人，这次战役成为战胜日本法西斯的经典战役，给了耀武扬威不可一世的日本侵略军有力重击，从此打破了“皇军不可战胜”的神话。当然当时的战斗还是相当激烈的。遭到突袭的日军回过神后，逐渐恢复了凶悍的战斗作风，利用手中的精良武器拼命顽抗。当时我军会日语的很少，“缴枪不杀，八路优待俘虏”这些话当场能用日语喊出的极少，就是能勉强喊出，也因为发音不准，日本兵很难听懂，就是听懂，日本兵们也顽固不化，妄想组织突围逃遁。被我军机枪、步枪、手榴弹压制在“老爷庙”至“小寨村”的峡谷之中后，这股日军最终被我八路军全歼，当时赶来增援的日军也被林彪、聂荣臻指挥的我八路军成功阻击。平型关大捷后不久，林彪又和一一五师三四三旅参谋长陈士榘，在山西昔阳县西广阳地区指挥歼灭了进入我伏击圈的日军，再次打了个漂亮的闪电伏击战。

离平型关大捷不过两个月，当时已进入深秋时分，山西山区呈现着斑驳的红黄紫色彩，霜后的柿子、山楂果、大红枣等果实都已发出成熟的诱人色香。陈士榘指挥的我八路军官兵从夜半冷瑟的秋风中等到凌晨曙光中，又耐心等到了热乎乎的大红太阳照热全身，一直苦等到下午3时，才看到摇头晃脑的日军部队的钢盔、刺刀、望远镜在阳光下不断闪烁着耀眼的亮光。根据平型关大捷的经验，以静制动放过其精锐二十师团主力部队后，陈士榘和六八六团以李天佑为团长的指挥官们果断鸣枪吹号，对大摇大摆缓缓进入伏击圈的后续辎重部队发起了突然猛烈的攻击。刹那间我六八六团官兵从山路两侧高山上不断甩掷出成排的手榴弹，机枪、步枪、驳壳枪也同时发出了怒吼。手榴弹在谷底爆炸着，震天动地，地动山摇。被炸伤的日军则鬼哭狼嚎乱吼乱叫。

平型关战役中八路军一一五师指挥所

陈士榘命令小司号员吹响了声振军威的嘹亮冲锋号。这些长征过来的老骨干带上新扩充的战士，个个犹如下山猛虎，他们枪枪都上好了寒光闪闪的刺刀，嘴里呼喊着“冲啊！”“杀啊！”不少官兵是边开枪边冲锋，脚板下越过浅沟深坑。不知是被我军气势如虹吓破了胆，还是这批日本兵差了劲，总之抵抗顽强程度大不如刚刚结束的平型关战场上板垣师团运输大队的日本兵。

随着我军六八六团官兵冲下来的指挥官陈士榘一直遗憾平型关大捷中最后竟未抓到一个日本侵略军俘虏。他用望远镜判定前沿是一群逃窜的日本兵，斜阳下慌慌张张如漏网之鱼钻进百米外公路对面低洼处的草丛灌木林中去了，他忙把紧握的德国手枪收起，附耳对他带来的警卫排排长下达了命令：“小伙子，

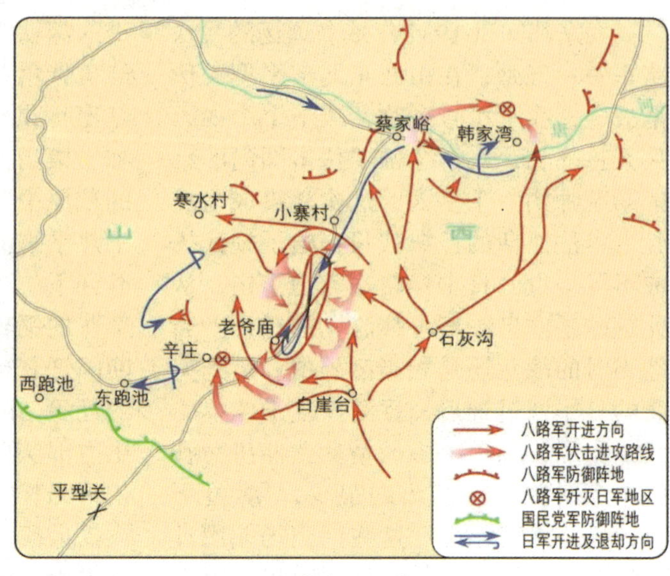

平型关战役示意图

我这里不用这么多警卫人员了。在这里一个班足够，你立即带上两个班专门去给我抓几个鬼子俘虏！”

只见警卫排排长挥舞着手中快慢机盒子炮，带领两个班十几个最精壮的警卫战士冲了出去。陈士榘用望远镜目送他们越过了公路冲进了路边的草丛。有两袋烟的工夫，沟里枪声大作，如同过年的鞭炮。阵响之后不久，这两个班很快返回了，每个人肩上几乎都多挎上了一两支“三八大盖枪”，有的腰间还别上了手枪洋刀什么的，但并没有带回一个俘虏。疑惑的陈士榘正欲发问，只见领头的这个小伙子排长一边用军帽擦着黑红脸上的血迹和汗渍，一边气呼呼地汇报：“首长，这群人太顽固不化，中毒太深了！不得不把他们全灭掉，否则他们会干掉我们呀！”

陈士榘一听又称赞又摇头，看来这回抓俘虏的事又泡汤了！夜幕已不知不觉低垂下来，激烈战斗已经基本结束了。这次他亲自指挥的六八六团一共歼灭日军五百多人，枪炮、骡马、衣物等战利品也缴获不少。在亲自向林彪电话汇报后，陈士榘又令团长李天佑将团指挥所向前推进到广阳镇，那里尚不时有零星枪声和手榴弹爆炸声传来，镇内仍有残敌负隅顽抗，做困兽斗。这枪声又唤起了陈士榘内心的欲望，不抓住日本俘虏，决不罢休！他不顾个人安危，顺着不息的枪声急冲过去。几个警卫人员见阻挡不住首长就全部拔出枪，子弹上膛紧跟左右。他们摸黑来到一个土墙小院门口，看到不少战士将小院里三层外三层围住，这时只见两个战士拔出手榴弹准备往里甩！

只见陈士榘三步并做两步来到门前，小声坚决地对投弹战士喝令：“慢着！”赶上前向小战士们发问：“里面有多少鬼子？”“报告参谋长，好像是刚跑进去一个吧！钻进去后这家伙就一个劲朝我们开枪！”陈士榘把手枪装进腰间枪套后，忙拍了一下大腿又一挥手：“小战士，好啊！那我们这么多人还不抓他个活的？还用手榴弹干啥！”只见陈士榘敏捷地闪身迈进院门，当时的师侦察科科长苏静（后来的开国中将）也拔出手枪紧跟了进去，贴身警卫们也都忙冲到了参谋长、苏静科长前面或左右。

院外的几个战士也已把刺刀上好了。陈士榘领着这班人马低猫着腰身，趁夜色掩护先后都摸到了此屋窗户下和门两旁。陈士榘用他刚刚学会的日语大喊：“缴枪不杀，优待日本俘虏！”这时苏静也带领战士们齐学喊这两句“缴枪不

被抓获的日军俘虏垂头丧气

杀——”的劝降日语，里面的日本兵仍又拉枪栓胡乱朝窗外射击了两枪。陈士榘示意大家安静和耐心等待，又尽量用长官加特别温和的口气对屋内敌人说：“你的明白——明白‘缴枪不杀你！’”沉寂了一会儿，屋里发出了一句颤抖和生硬的中国话：“明白？不杀？”

又是一阵沉默，陈士榘见还无任何动静，忍不住一脚猛踹开木门，借着月光只见明晃晃的三八大盖刺刀闪着幽光——就在他胸前。陈士榘迅速抓住日本兵的枪，并把日本兵往门处拉甩，众人一声喊叫：“抓活的！”七手八脚地下了他的枪。明亮的月光清楚地照在满脸胡子拉碴的日本兵发青的惊恐万状的脸上，陈士榘趁着月光定睛一扫他的下身，不觉暗自发笑，日本兵下半身卡在一个白蜡条所编的装谷穗豆类的高筐内，不能脱身，看来他自己已奋身挣扎，折腾了好一阵子，还是被紧紧卡在了筐中。只见紧张和惊恐的日本兵身上大汗淋漓，军装已湿透了，此时面对一屋荷枪实弹的中国官兵，他被惊吓得浑身发抖，汗、涕满面。陈士榘参谋长命令战士把日本兵从筐里拉出来。

陈士榘参谋长亲手活捉日本兵的事迹，传遍了全镇也迅速传遍了全军。

陈士榘这位共和国的开国上将，1927年的老党员，曾任八路军一一五师参谋长、新四军参谋长、华东野战军参谋长，活捉日本兵只是他传奇人生中的一个小故事而已。

（本文选自《新民晚报》）

平型关凯旋的八路军

杨得志红军时期逸事

文 / 夏明星

杨得志

杨得志（1911 年—1994 年），原名杨敬堂，湖南醴陵人。1928 年加入中国共产党。抗日战争全面爆发后，任八路军第一一五师三四三旅六八五团团长，率部参加平型关战役。1938 年任第三四四旅副旅长和代理旅长，带领队伍翻越太行山，任陕甘宁晋绥联防军旅长。解放战争期间任晋冀鲁豫军区第一纵队司令员、晋察冀军区第二纵队司令员。1950 年任第十九兵团司令兼陕西军区司令员。1951 年 2 月参加抗美援朝战争，任中国人民志愿军第十九兵团司令员，率部参加第五次战役和秋季防御作战。1955 年 9 月被授予中国人民解放军上将军衔，以及一级八一勋章、一级独立自由勋章和一级解放勋章。1988 年 7 月被授予中华人民共和国人民解放军一级红星功勋荣誉章。

开国上将杨得志投身军旅半个多世纪，从一个农家子弟成长为我军一代名将，他的传奇经历可以说正是人民军队发展壮大的一个缩影。这里，选取的是他红军时期的几则故事。

“你这年轻人好野愣，你不晓得班长先前当过旧军吧”

1928年1月，杨得志和哥哥杨海棠等二十五名筑路工人，从湖南衡阳板子楼工地跑到韩家村，投奔了红军第七师。红七师是朱德、陈毅领导湘南起义时成立的，大部分成员是宜章、郴县、永兴等地的暴动农民。除了少数干部（当时叫长官）参加过南昌起义或在旧军队里当过兵之外，大多数人没有打过仗。虽然号称一个师，实际上只有几百人，而且武器极少。

杨得志开始当师部通信员，很快便调到师属特务连三排七班当战士。听到这个消息，他高兴得又蹦又跳：当了战士自己就可以领到一支枪啊！

谁料想，他到了七班，七班长问过姓名后，便从稻草铺底下摸出一个梭镖头：“去找根木棍砍砍，把它装好！”

杨得志一看，那梭镖头生满铁锈，比他在师部用过的那支还差，顿时气坏了：“怎么不给我一支枪！”他脖子一拧，转身就走。

“杨得志！”七班长截住他，也火了，“我再说一遍，去找根木棍砍砍，把它装好！”

杨得志满腹委屈，仍然没有接那支梭镖。这时，七班长大声喊道：“全班持枪集合！”

一班人横排站定，杨得志一看，呆了，原来，包括班长在内，所有战士手中的武器全是梭镖和大刀！好几个人的梭镖头下面，甚至还没有绑上红缨呢！

七班长走后，有位老兵悄悄告诉杨得志：“你这年轻人好野愣，你不晓得班长先前当过旧军（注：国民党军队）吧？今天他没抽你皮带，算你运气！”

几天后，哥哥来找他，杨得志本想诉诉自己的委屈，谁知哥哥一见面就板着脸说：“那梭镖头是农友们打土豪得来送给红军的，不容易哩，你怎么可以不要？”

老兵和哥哥的话，深深触动了杨得志，他开始留意起七班长来。原来，七班长也是穷苦人出身，老家在云南，在滇军打黔军时被强抓去当兵。因为在旧军中干过几年，参加红军后仍然有些军阀习气。发枪一事后，连长对七班长好一顿批评……

几天后，七班长来找杨得志谈心，他们来到一棵大树旁坐下。七班长不善言辞，搓揉着大手，闷了好一阵，才说：“发枪那事都怪我，莫往心里去就是了。我那军阀习气今后一定改！”

杨得志深受感动，他握住班长的手，诚恳地说：“班长，我年轻，性子急，今后我有什么不对，你就尽管批评开导吧！”

“好！好！”班长咧开大嘴笑了，突然话锋一转：“打仗怕不怕死？”

“不怕！”

“好！”班长更高兴了，“明天我带你和农友们，一起去打土豪！”

轰轰烈烈的湘南暴动，让农友们一个个扬眉吐气，却震动了湘粤两省国民党军。反动军队沿着粤汉路向革命队伍扑来。

一天中午，红军离开驻地的时候，班长问：“杨得志同志，今天要是碰上敌人你怎么办？”

杨得志把磨得锃亮的梭镖一举，响亮地说：“就靠它来缴两支‘汉阳造’（注：国民党汉阳兵工厂所产步枪）！”他特别强调了“两支”两个字，可班长并没有怎么注意，只是满意地上下打量了杨得志一番。

黄昏的时候，敌我相持，师特务连伏在山梁上待机。天黑时，敌人向山顶扑来。等到敌人近在咫尺之时，连长才大吼一声“上”。杨得志刚跳出战壕，班长在他背上猛拍一下：“快，去夺他们的‘汉阳造’！”

可是，仗一打起来，杨得志只想着如何用梭镖捅死敌人，一时忘记了夺取敌人的枪。最终，他狂追一个拖着步枪不肯放手的敌人，结果对方筋疲力尽，双手举枪跪到了杨得志面前。这时，杨得志才想到要缴获敌人的武器。可是仔细一看，他缴获的这支枪是支杂牌枪，根本不是“汉阳造”。不过，它总算是杨得志第一次在战场上亲手缴到的战利品。

杨得志拿着缴获的杂牌枪发愣：“说好要送给班长一支‘汉阳造’，怎么办？”

这时，当初说他“好野愣”的老兵疾奔而来：“快去，班长不行了！”

杨得志如闻晴天霹雳，赶紧跑到仰卧在半山坡的班长身旁，班长被敌人的子弹击中了腹部。

班长见到杨得志，艰难地笑了笑，已经没有力气讲话，只是指着身旁的一支枪，眨了眨眼，意味深长。

杨得志顺着他手指的方向望去，泪水模糊了双眼：呀！一支真正的“汉阳造”！

“班长……”杨得志失声痛哭！

就在这一瞬间，班长睁着眼，停止了呼吸。

几天后，杨得志背着班长用鲜血换来的“汉阳造”，踏上了去井冈山的路。

“肚子里撑不下船，还盛不下几根稻草呀”

1932年初，时任红十一师炮兵连连长的杨得志被调到红四十五师当管理科科长。对于红四十五师的首长，他一个都不认识，只知道师长叫寻淮洲，湖南浏阳人。部队官兵中都传言他脑子很聪明，在战场上特别清醒。政委姓刘，是湘鄂西来的老同志。

到了红四十五师师部，有人告诉杨得志：刘政委要找你谈话。杨得志来到一间低矮的民房前，刘政委把他让到屋里。政委住的屋子不大，大白天光线也很暗。

杨得志坐下后，才注意到屋里还有一个人。这人年纪不大，看上去顶多二十出头，个头不高，背有点驼。他坐在桌前，手里握着支红蓝铅笔，小学生作画似的在一张纸上乱画。

杨得志心想，他大概是文书吧，机关和连队就是不一样，这人要到我们连里当兵，我大半不会收留他——太瘦小了。

刘政委问了杨得志一些情况后，直率地说：“听说你不太乐意做管理工作，是吗？”杨得志坦率地告诉刘政委自己想留在连队打仗。再说，管理工作婆婆妈妈的事多，自己脾气急躁，怕做不好。

刘政委听杨得志讲完，对仍然低着头在纸上乱画的年轻人说：“你谈几句吧，师长！”听刘政委喊他师长，杨得志大吃一惊，“嚯”地站起来，愣住了——他竟然就是大名鼎鼎的寻淮洲同志！

看到杨得志尴尬的样子，寻淮洲放下手中的笔，豁达地说：“是不是看我身不过五尺，不像个师长的样子呀？哈哈！”说着，他纵声大笑起来。“年过二十，不长了，没得办法了。个子小也有好处，战场上目标小，子弹不容易打着我哩，哈哈！”他见杨得志仍然站着，一边让他坐下，一边说：“管理工作不好干呐！你知道‘兵马未动，粮草先行’这句话吗？粮草先行，为的就是兵马要动。政委要我讲，我就讲四个字：你得干好！”他笑着在杨得志肩膀上拍了两下，重复着：“你得干好！”

杨得志郑重地表态：“请师长放心！”走出师部，他感慨不已：“真是人不可貌相，海水不可斗量啊！”

于是，杨得志走马上任，虽然尽心尽力，但也有遭埋怨、受白眼的时候。有一次，部队移防前，他带着一个管理员提前到宿营地找房子。那天，他们把师特务连的住处，安置在一所祠堂的走廊上。本来，走廊比较宽，两人又专门铺上稻草，边上再用木板挡起来，觉得很不错了。谁知，在部队到达前下了一场大雨，走廊里的稻草都被打湿了。杨得志和管理员正在为难，部队冒雨赶到了。特务连连长年轻气盛，他听说连队要宿在这水淋淋的走廊上，很不高兴地说：“这样的地方还要你们提前来找呀？我闭起眼来也能摸到！”杨得志看他衣服都湿透了，鞋子和裤脚上沾满了泥浆，便解释说：“这地方本来还是可以的，谁知下了大雨，我们……”他的话没讲完，对方扯起嗓子对部队喊：“把稻草扔到外面去！”战士们按他的命令，往院子里扔稻草。霎时，挺整洁的院子全乱了。

杨得志赶上去，提醒他说：“连长，这里是祠堂，要注意点影响呀！”对方瞪了他一眼：“鬼的影响！战士们冒雨行军，你管理科科长总不能让他们在水里睡吧？你不心疼战士，我当连长的还心疼呢！”

杨得志还想解释，对方一副不屑一顾的眼神，摆起手像应付小孩似的说：“走吧，你们走吧！”

杨得志也生气了，一扭身跑到寻淮洲那里，一屁股坐在他床铺上，说：“不干了，我不当这个管理科科长了！师长，你让我去搞别的工作吧！”看到杨得志气呼呼的，寻淮洲却笑眯眯地说：“别急，别急，不要发急嘛！讲讲为什么不想干了。”等杨得志把事情的经过讲完，寻淮洲倒是大笑起来，他说：“为这点事就不想干了呀？不行，不行。同志们闹点误会，受点冤屈，常有的事嘛。听说过‘宰相肚里能撑船’这句话吗？我们不是封建朝廷的官，我们是共产党员。肚子里撑不下船，还盛不下几根稻草呀？”这几句话，让杨得志受益匪浅。后来他回忆说：“寻淮洲同志的话，给我留下极深的印象。”

于是，杨得志又安心做起管理工作来。不过，寻淮洲也没有忘记杨得志想到前线的意愿。1932年三四月间，寻淮洲把他叫去，开门见山地说：“好了，要你去打仗，带一个团！”

杨得志毫无思想准备，问：“一个团？”

寻淮洲点点头，很严肃地嘱咐说：“我给你讲清楚，管理工作搞不好，顶多吵吵架，仗打不好，可是要丢脑袋的！”

于是，刚刚二十二岁的杨得志担任了红九十三团团长，开始走上团一级的领导岗位。

“杨师长，本人败在你的手下，口服心服，五体投地”

1936 年 6 月，杨得志指挥红二师作为红一军团的前卫参加西征宁夏、甘肃军阀之战。进入陇东的第一仗，是攻打通往宁夏要冲的国民党环县县政府所在地曲子镇。红二师前进到离城五六里地时，侦察员飞马来报：宁夏军阀马鸿宾手下一个绰号叫“野骡子”的旅长，带着三四百名骑兵正在镇子里休息。

“野骡子”本名叫冶成章，是马鸿宾的亲信和干将。杨得志早就听说过，“野骡子”骄横霸道，他的部队还是有些战斗力的。早在 1935 年底，时任陕甘支队第一纵队第一大队队长的杨得志，就曾与冶成章的部下、黑马骑兵团团长马佩清较量过，一举生俘了马佩清，后来还发给路费放他走了。因此，对付敌人的骑兵，杨得志并不陌生。

得知冶成章就在眼前，杨得志立即决定抓住这个难得的机会，一举歼灭他们！对于冶成章部的战斗力，杨得志评价甚高：“‘野骡子’这支部队确实能打，而且有不少亡命之徒。他们光着膀子，举着大刀，歇斯底里地狂喊乱叫。”事实上，之后的战斗确实很激烈，从下午一直进行到深夜，敌人虽大部被歼，冶成章却带着几个马弁躲进了一个窑洞。这冶成章真有点“野骡子”的愣劲头，红军战士们向他宣传俘虏政策和民族政策，他都不予理睬。最后，战士们扔手榴弹把他的马弁炸死，“野骡子”的腿也被炸伤，这才把他生擒活捉。可是，这“野骡子”“野”性难驯，不但不让红军医护人员给他包扎伤口，还大言不惭地说：“你们这是打的啥仗？趁咱没有防备突然袭击，放暗箭算啥真本事！”

“你把这匹‘骡子’牵来我看看。”杨得志对警卫员说。

冶成章个子较高，长得很壮实，五十岁上下。他敞怀露胸，头发蓬乱，还真有点像一匹落魄的“野骡子”。警卫员告诉冶成章：“这是我们的杨师长！”谁料冶成章瞪了杨得志一眼，粗声粗气地说：“亘古以来没有你这种打仗法，不宣而战，背后放箭！有本事要明对明，一抵一地干，哼！”

对于冶成章的愚蠢无知和傲慢自大，杨得志没有搭理，而是义正词严地说：“现在日本鬼子打进了中国，作为一个中国人，你的军队不但不抗日，还在这一带烧村庄、毁牧场、抢牛羊、害人民、打红军！你们对人民是犯了罪的！你们对国家、对民族，对包括回族同胞在内的全国同胞是犯了罪的！我们打你们是忍无可忍，也是为了把你们‘打醒’，以便共同对付日本侵略者。我的话你懂吗？”

冶成章哑口无言，抹了一把脸上的汗水，一屁股坐到凳子上，双手抱住脑袋，瓮声瓮气地说：“算老子倒霉，反正这旅长当不成了，要杀要剐，听便！我不怕死！”杨得志把手枪掂在手里，说：“杀你容易得很——易如反掌。但是我不杀你，还要放你回去！”

冶成章猛地抬起了头——他当然不相信杨得志说的是真话。

这时，冶成章的夫人也进来哀求，并在身上掏出一些金条、手镯之类的东西，问：“要多少钱？”

杨得志不禁莞尔：“我们红军说话算数，一文钱也不要。”“去年你们有个黑马骑兵团被我们打败过。那个团长叫马佩清，你们知道吗？”

没容那女人回话，愣在一旁的冶成章猛地站起来，惊讶地问：“啊？你就是发了三块钢洋放马团长回去的杨得志大队长？”

杨得志缓缓点头，幽默地说：“这个不假！”

冶成章扑通一声跪到了地上：“我冶成章今生今世决不同红军打仗，再不做伤天害理的事了。杨师长，本人败在你的手下，口服心服，五体投地！”

杨得志急忙拉起冶成章，语重心长地说：“你和马佩清团长都不是败在我个人的手下，是败在红军的手下，败在共产党手下，败在人民的手下。为什么？因为人民要抗日，国民党反动派却要打红军。要知道，日本鬼子打来了，他要杀中国人，并不分汉族回族；他要占中国的地，也不分汉族区回族区。所以，你如果真正服了，就不要听信蒋介石那套鬼话，有力气，有本事，就和各族同胞一起把日本鬼子赶出咱们中国去！你这个人打仗还是有些经验的嘛！”

“在‘抗大’对我帮助很大的同志很多，但印象最深的是陈赓和姬鹏飞同志”

1936年6月1日，陕北安定县（今子长县）瓦窑堡旧庙堂前红旗招展，中国人民抗日红军大学（简称“红大”）第一期开学典礼正在举行。开学典礼上，毛泽东正式宣布：林彪担任校长，罗瑞卿担任教育长，学校分三个科。第一科大都是红军师、团级以上干部，有林彪、罗荣桓、罗瑞卿、苏振华、刘亚楼、张爱萍、彭雪枫、杨成武、谭政等三十八人。当时，作为红二师师长的杨得志，论战功完全够资格进入红大学习。不过，他正挥戈奋战在西征甘肃、宁夏的战场上，分身乏术。听说许多老战友进入红大学习，他内心非常羡慕：什么时候自己也能进入红大学习啊！

1937年1月19日，为适应抗日形势发展的需要，中央军委决定将中国人民抗日红军大学改名为“中国人民抗日军事政治大学”（简称“抗大”），迁到延安继续办学。于是，原来计划的红大第二期，自然而然地被称为抗大第二期，因此就有“红大无二期，抗大无一期”的说法。就在1月底，杨得志接到上级命令：到红一军团部带领一批干部，到延安抗大学习。到了军团部，杨得志才知道：参加这次学习的五六十位干部，都是参加过长征的老同志，带队的是陈赓、杨得志。

对于这次学习机会，杨得志非常珍惜：“一个挑煤、修路、打短工的农民的儿子，能进自己的大学学习，怎么能不兴奋、不激动呢？”

陈赓一见杨得志，便一本正经地说：“老杨呀，咱们要做同学了。”

杨得志知道，陈赓是黄埔军校第一期学员，便诚恳地说：“你是黄埔的老毕业生，我还没进抗大的门哩！”

陈赓大手一摆：“咱们的‘抗大’和黄埔可不一样啊。”

第二期开学不久，副校长刘伯承来校讲话，他风趣地对大家说：“我们这个学校的名字叫作‘抗日军政大学’。同志们，我是上过大学的，而且是在外国上的。毛主席问过我，说：我们的这个大学可不可以和人家的大学比呢？我说可以比，硬是可以比嘞！他们有宽敞的教室——人得很嘞——我们没有；他们有漂亮的教学用具——我说的不只是桌椅板凳噢——我们没有；他们有许多教授——大名鼎鼎嘞——我们呢？有！毛

杨得志

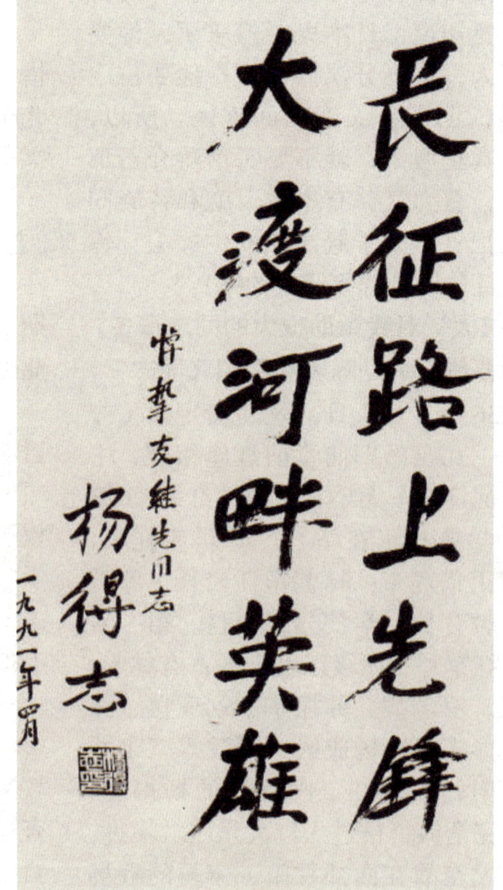

杨得志手迹

主席就是头一位嘛！周恩来同志就是嘛，他可是吃过面包的嘞！还有朱德同志和好多老同志都是嘛！你们在座的不少同志指挥过不少漂亮的战斗，也可以当‘教授’嘛！怎么不可以呢？完全可以嘛！我们还有他们根本没有的，那就是延安的窑洞。所以，那天我对毛主席说，我们这个学校也可以叫‘窑洞大学’嘛！你们同意吗？”

大家立即报以热烈的掌声。

刘伯承继续说：“同志们，你们打了多年的仗，有丰富的实践经验。现在中央要你们从理论上加以提高，还是为了打好仗。用战士们的话说：学好本领打日本嘛！”

刘伯承的话言简意赅，坚定了杨得志刻苦学习的信念。

抗大住窑洞，露天上课，背包当凳子，膝盖当桌子，这些对于杨得志都算不了什么；最难的是，他的文化和理论基础差。杨得志晚年回忆起在抗大的学习，感慨万端：“那时没有教科书，讲义也极少，每队有几份，大都是油印在又黄又粗的纸上或者是标语口号纸的反面，有的字刻得潦草，难认得很。有时教员讲半天，有些记不下来，只得全凭脑子‘储存’。现在想来，年轻真是一‘宝’——脑子好，记忆力强，接受能力也快。……在抗大对我帮助很大的同志很多，但印象最深的是陈赓和姬鹏飞同志。”

毛泽东在抗大的讲演，给杨得志的印象很深：“毛主席那时才四十几岁。他来讲课，总穿一身灰布军装，不戴帽子。乌黑浓密的头发显得有些长，也有点乱，大概是因为工作太忙顾不上理。宽大的前额好像蕴藏着无穷无尽的智慧。他讲话的语言特别生动诙谐、通俗易懂，又非常深刻。”有一次，毛泽东给杨得志等学员讲到促进国共合作一致抗日时，打了个十分形象的比喻：对付蒋介石，就要像陕北的农民赶着毛驴上山，前面要人牵，后面要人推，牵不走还得用鞭子抽两下，不然它就要赖、捣乱。和平解决西安事变，我们用的就是陕北老百姓这个办法，迫使蒋介石起码在口头上承认了陕甘宁边区政府，接受了一致抗日的主张。“毛主席风趣幽默的讲话，不但把我们全吸引住，而且深深地印在我们脑海里了。”

诚如杨得志自己体会的，“实践是检验理论正确与否的唯一标准；正确的理论又是指导实践的锐利武器。抗大不仅加深了我们对科学共产主义的理解，更重要的是提高了毛泽东军事思想的理论水平。对我个人来说，这一点尤其重要”。

（本文选自中国共产党新闻网）

王必成将军首创新四军对日作战多个纪录

文 / 贾晓明

王必成

王必成（1912 年—1989 年），湖北麻城乘马岗镇小寨村人。参加了长征。抗日战争时期，任新四军第一支队二团参谋长、团长，新四军苏北指挥部第二纵队司令员，新四军第一师二旅旅长，第十六旅旅长，新四军苏浙军区第一纵队司令员。解放战争时期，任新四军新六师副师长，华中野战军第六纵队司令员，华东野战军第六纵队司令员，第三野战军第二十四军军长，第七兵团副司令员兼浙江军区副司令员。1955 年 9 月被授予中国人民解放军中将军衔，以及一级八一勋章、一级独立自由勋章和一级解放勋章。1988 年 7 月被授予中华人民共和国人民解放军一级红星功勋荣誉章。

红军时期的王必成

1938年春天，王必成担任新四军第一支队二团参谋长，不久担任团长。二团又称“老二团”，其前身是中央主力红军长征留下的坚持在湘赣边、赣粤边、赣东北的游击队。

王必成到二团后，在粟裕率先遣支队取得卫岗处女战的胜利之后，他指挥二团打新丰、攻句容、袭东湾，全歼延陵（贺甲）之敌，连战皆捷，创造了新四军对日作战多个“首次”。

新丰车站战斗，是新四军的首次夜间战斗。新丰车站在京（南京）沪铁路镇江与丹阳之间，驻有日军、特务、汉奸、路警等一百余人。1938年6月30日下午，王必成率第二团一营自丹阳延陵镇出发，隐蔽进抵新丰车站东南十八里的东冈。7月1日夜11时许，对驻新丰车站日军发起突然攻击，并与敌进行白刃搏斗，歼灭日军十余人。又用火攻，将固守房屋的日军三十余人全部烧死，并烧毁车站。此次战斗历时一个半小时，缴获步枪六支、刺刀六把，并和地方抗日自卫团一起破路基、拆铁轨、割电线，使日军在江南最重要的交通运输线陷于瘫痪。

句容战斗，是新四军首次攻入敌占县城的战斗。1938年8月，为配合国民政府七十九军向苏南丹阳、武进的进攻，新四军第一支队决定由王必成率二团主力袭取江苏省句容县城。受命后，王必成布置一营为攻城主力；将二营派往东昌街，向镇江方向警戒，破坏道路、桥梁；三营进袭句容城北门外飞机场，并对汤山东昌街方向实施警戒；支队特务连配合地方武装，在天王寺至句容间之五港、双庙、张庙一带阻敌并破坏公路，掩护攻城部队。战斗开始后，一营乘夜暗用云梯突入城内，顺利占领东南门。三营亦入城作战，经巷战占领商会及伪自治会。日军一部固守楼屋，负隅

1944年秋，王必成（右起）与吴仲超、江渭清在长兴

顽抗，王必成命令一、三营以火力封锁正面，从侧面纵火焚烧，城外飞机场房屋亦被完全焚毁。此次战斗共毙伤日军四十余人。

东湾战斗，是新四军典型的攻点、打援兼顾的战例。驻守该据点的日军五十余人，据点内工事坚固并环有三道铁丝网，北距不到六公里处的天王寺驻日伪军二百余人，东北距十四公里处的薛埠驻日伪军四百余人，西北方驻日伪军七十余人。1939 年春天，日伪军企图修复从天王寺到丹阳延陵镇的公路，以封锁和分割茅山抗日根据地。为粉碎日伪军企图，王必成决定袭击东湾据点，其部署是：主攻和助攻部队，分别寻点突进；打援部队埋伏于吴家边附近公路两侧，打击天王寺的援军，并对薛埠方面进行警戒。2 月 8 日晚，攻击部队乘夜暗隐蔽接近东湾，正面主攻部队进到第三层铁丝网时被日伪军发现，双方即展开激战。与此同时，担任助攻的两个连从西面突入据点，迅速消灭了顽抗的日伪军，并将据点付之一炬。天王寺日伪军闻讯后来援，在吴家边以北遭到伏击，大部被歼。日伪军又派汽车五辆载

王必成与粟裕

一百五十余人携炮四门，继续从天王寺向东湾增援，遭到打援部队的阻击。东湾据点被摧毁后，二团各部遂撤出战斗。此战，新四军部署严密，动作迅速，攻点与打援均获胜利，共歼灭日伪军一百一十余人，缴枪二十余支和弹药一批，粉碎了日伪军封锁与分割敌后抗日根据地的企图。

1950 年，王必成、叶飞、粟裕、陶勇合影

延陵大捷，是新四军首次引起全国舆论关注的战斗。1939 年 11 月 8 日，在地方武装配合下，王必成率二团与新六团并肩战斗，在丹阳延陵镇附近的贺甲村一带与“扫荡”的日军发生激战，经三十个小时拼杀，共歼日军一百六十八人，俘虏三人。当时的很多报刊以醒目标题予以报道，称之为“延陵大捷”。通过多次对敌战斗，王必成和他的二团大名迅速传遍了大江南北，江南人民亲切地称二团为“老虎团”，称呼王必成为“老虎团长”“王老虎”。

（本文选自《人民政协报》）

庄田——五指山下的归侨中将

文/丁　静　陈循静

庄　田

庄田（1906 年—1992 年），原名庄振风，曾用名庄龙蟠。海南万宁人。1926 年加入中国共产党。1955 年 9 月被授予中国人民解放军中将军衔，以及二级八一勋章、一级独立自由勋章、一级解放勋章。1988 年被授予中华人民共和国人民解放军一级红星功勋荣誉章。

南洋入党　莫斯科举枪

茫茫大海上，一艘“生什”号货轮正在加速航行。闷热的锅炉房里，一个不满二十岁的小伙子正挥舞着铁锹往火红的锅炉里加煤，他就是庄田。船上没有任何降温设备，整天都是高温的煎熬，连续工作了十几个小时后，他终于顶不住了，昏倒在锅炉旁。

在轮船靠港时，庄田终于可以走出锅炉房，站在甲板上，看着船底涌起的浪花，想起远在海南的父母，想起自己贫困的家庭，他感到沮丧、无助。

这时，同船的老工人黄宜敦走过来与他聊天，向他讲述列宁领导的俄国十月革命以及苏俄工人、农民当家做主人，并对他感慨道：“一个产业工人只要求自己做一个本分、正直的人是很不够的，我们还要有革命理想，并为实现这个理想自觉地努力奋斗，这才是有工人阶级觉悟的表现。”

庄　田

在黄宜敦的引导下，庄田的思想觉悟逐步提高，心中的疑团渐渐打开，他把黄宜敦当作自己的挚友和启蒙老师，聪明的庄田意识到：黄宜敦很可能是共产党员。

他的判断很快得到证实：原来，黄宜敦就是这艘船上的中共支部书记。经过近一年时间对庄田的考察教育，1926年3月的一天晚上，中共“生什”号轮地下支部在岸上一个秘密地点召开会议，正式接纳庄田为中共党员。

不久，庄田被中共组织派到和丰轮船公司“丰平”号轮工作，并任“丰平”轮船党支部书记。1928年和1929年五一国际劳动节期间，和丰轮船公司海员曾两次举行反对帝国主义和资本家压迫剥削的罢工斗争，庄田担任罢工的总指挥。斗争胜利后，在新加坡的中共组织负责人转达中共广东省委的通知，要庄田立即回国接受新的任务。

他匆忙收拾行李，回到了香港，接到去莫斯科学习军事的命令。广东省委组织部负责人鼓励他说：“从工人到军人是要有一个过程的。关键在于自己要善于学习。现在党派你到苏联学习深造，这是一个很好的机会啊！”

莫斯科步兵学校的学习任务很重，除步兵操典、野外执勤、射击教范、兵器学、地形学、战术学、筑城学等十多门课程外，还要进行紧张的训练。

1930年底，庄田以各科全优的成绩，提前毕业。

保卫苏区　转战延安

1931年春，庄田作为军事优才生，被分配到位于瑞金中央苏区的中国工农红军军政学校任第一连第二排排长。他想方设法授好课，还根据红军的作战特点和实际需要，帮助学员掌握进攻、防

庄 田

御、退却、侦察、警戒等各种战术手段的原则。

1933年春，随着革命斗争的不断深入，红军部队迫切需要经过训练的干部和骨干，于是中共中央决定成立一个模范团，直属中央领导，驻扎距瑞金二十公里的武阳围。庄田被任命为该团政治部主任。

有一天，叶剑英把庄田叫到身边，用手指着水田里的敌军说："你看，这些敌人都是笨猪，根本不懂防御，水田不是湖泊，算什么障碍。你带一个营上去狠狠地敲他们一下！"

庄田随即带领第三营分成两路，一路绕到侧翼，在旱地佯攻；另一路在水田主攻。旱地的佯攻开始后，敌人注意力很快被吸引过去。这时，庄田一声令下，主攻部队从水田冲了过去，敌人很快就被打垮，纷纷举枪投降。这次战斗获胜后，庄田会打仗的事传开了："想不到政治干部也会打仗！"

1934年8月，庄田调任红军独立师五十五团政委。10月，红一方面军在中共中央直接指挥下，撤离中央根据地，进行战略转移，开始了举世闻名的长征。从江西于都到贵州湄潭的八十多天里，庄田率该团随红九军团团部，与围追堵截的国民党军浴血奋战，掩护红一方面军主力和中共中央机关通过敌人的层层封锁线。经一路苦战，红五十五团到达贵州时已从长征出发时的两千多人锐减为一千余人。

艰苦的长征路上，庄田率部风餐露宿，忍饥挨饿，顽强地与敌人和恶劣的环境进行斗争。1937年3月，庄田辗转回到延安。中共中央组织部抽调一批有军校工作经验的干部到抗日军政大学工作，庄田被调到抗大任第三分校第五大队大队长，不久升任分校教育长。

重回琼崖　鏖战大西南

1940年9月初，庄田一行秘密渡过琼州海峡，来到中共琼崖特委驻地美合根据地，与冯白驹等领导人并肩作战。不久，庄田被任命为琼崖抗日独立总队副总队长、中共琼崖特委委员，在"美合事变"中，负责指挥保卫战，掩护琼崖特委和琼崖独立总队队部安全转移。

庄田率领琼崖独立总队给日伪顽军迎头痛击，扭转了被动局面。

1944年秋，琼崖特委根据中共中央的指示，将广东省琼崖抗日游击队独立总队改编为广东省琼崖抗日游击队独立纵队，庄田被任命为纵队副司令员，指挥部队开辟建立五指山抗日根据地。

抗日战争胜利后，国民党琼崖当局根据蒋介石的指令，加紧准备发动内战。

1946年2月，国民党第四十六军以五个团的兵力，分成四路向琼崖解放区大举进攻，琼崖内战全面爆发。

这时，中共广东区委派联络员来琼崖传达中共中央关于琼崖独立总队北撤山东的指示。经过认真讨论研究，特委作出决定：派庄田为全权代表，准备前往香港参加“北撤”谈判，同时把琼崖对敌斗争的具体情况，以及继续坚持琼崖斗争的建议向中共中央和中共广东区委汇报。

在向中共广东区委汇报无果后，庄田来到南京向周恩来详细汇报了琼崖的革命斗争情况，得到中共中央指示，命令琼崖特委领导军队与国民党军队进行自卫作战。

琼崖革命有了转机，此时，西南战场正是用人之际，庄田奉命留在香港待命。

1947年7月，庄田被广东区党委任命为粤桂边区纵队司令员。1948年8月，中共中央香港分局任命庄田为桂滇边部队司令员，并指示他带领在越南整训的部队回国，挺进桂滇黔边区开展武装斗争，建立边区根据地。

1950年1月，云南解放。桂滇黔边纵队改编为云南军区，庄田任军区副司令员。当时，云南的政治情况异常复杂，庄田协助陈赓司令员和宋任穷政委，进行了清匪反霸、支援进军西藏的工作和斗争。至1950年12月，取得了消灭残匪六万余人的重大胜利。

庄田将军经历曲折，他六十六年的革命生涯中，从华侨工人到共和国中将，当党组织需要时，他总是义无反顾。在他身上表现出来的高风亮节、奉献精神值得后人永远铭记。

（本文选自红潮网）

"立身有傲骨，打仗如绣花"

——记周希汉将军

文 / 吴东峰

周希汉

周希汉（1913 年—1988 年），湖北麻城人。1927 年参加黄麻起义。1928 年参加中国工农红军，并加入中国共产党。参加了长征。抗日战争期间，任八路军一二九师三八六旅作战股股长，补充团参谋长，三八六旅参谋长兼太岳军区参谋长，南进支队司令员，太岳军区第二军分区副司令员。解放战争时期，任晋冀鲁豫军区第四纵队十旅旅长，第二野战军十三军军长。1955 年 9 月被授予中国人民解放军中将军衔，获二级八一勋章、一级独立自由勋章、一级解放勋章。1988 年 9 月被授予中华人民共和国人民解放军一级红星功勋荣誉章。

周希汉将军身材瘦高，眼光上视，嘴角下倾，自称“天下第一瘦”。1930年，徐向前元帅初见周希汉将军，惜曰：“长得单薄些。”周希汉对曰：“将在谋而不在勇，关云长身材高大，不也曾落败吗？诸葛亮、庞士元长得如何？不也打胜仗吗？”徐向前元帅闻之暗喜，继续指地图考周希汉。是时，周希汉不识地图为何物，即答道：“我看不懂。你能教我吗？”徐向前闻之又喜。周希汉又说：“我肯定能学会，没有学不会的本事。”徐向前大喜，以掌拍其脑说：“是块好料。”

人谓“天不怕，地不怕，就怕广东人说官话”。何畏（原红四方面军高级将领）讲话，人亦难懂。为此，何畏连换几任参谋。周希汉到任后，细心琢磨军长发音规律，一星期即能听懂军长之广东话。何畏大喜，逢人便夸周希汉：“这小子是天才！”

周希汉身经百战，全身无一弹创枪洞。人谓将军命大福大，将军则言：“人瘦，目标小，敌人打不着。”

抗日战争时期，太岳区曾流传歌谣云：

小日本，你听清，太岳山上有陈赓。

小日本，你别捣蛋，让你碰上周希汉。

抗日战争时期，八路军发起百团大战。第一阶段为正太铁路破袭战，一二九师十个团主力分为中央和左、右三个破击队。周希汉将军奉命任左翼破击队司令员，负责寿阳至榆次段铁路的破袭。某日，刘伯承、邓小平至正太前线。邓小平问周希汉：“左翼没有配政委、参谋长，只有你一个，行不行？”将军对曰：“不怕，这种任务，有两三个硬一点的参谋就行了。”刘伯承点头称善，而邓小平略有感觉：这个娃子不简单，但有些子傲气。

国民党军整编第一师第一旅，装备精良，能征善战，号称“天下第一旅”。旅长黄正诚，曾留学国外，授中将军衔。1946年9月，时任晋冀鲁豫第四纵队第十旅旅长的周希汉将军率部与之战于晋南，大捷，生俘黄正诚。战后，黄正诚见周希汉将军，曰：“你不是陈赓！”将军对曰：“鄙人周希汉。”黄曰：“陈赓为什么不见我？”周希汉将军曰：“杀鸡焉用牛刀？捉你，见你，我周希汉足矣。”

百团大战中的八路军

1947年夏，陈谢大军挺进豫西。8月，周希汉将军随先锋第二十九团先行南渡黄河。23日，偷渡得手。将军上岸后，即命二十九团团长吴效闵夺取敌石头山阵地。是时，枪炮声震耳欲聋，吴效闵举冲锋枪大声曰：“放心吧，

1938年，一二九师三八六旅参谋长周希汉在粉碎日军九路围攻前进行战斗动员

旅长！拿不下石头山，我提头来见！”周希汉将军亦提冲锋枪，大声喝道：“不行！老子要你提国军的头来见我！”数小时后，吴效闵攻克石头山，押大批俘虏凯旋。后成为著名作家的新华社记者冯牧见之叹曰：“真是关云长温酒斩华雄啊！”

周希汉将军“立身有傲骨，打仗如绣花”

1948年冬，淮海大战。周希汉将军率十旅西攻砀山，东斩津浦，阻敌北上，滞敌东援。继参加围歼黄维兵团之决战，将军所部首克李围子、继克沈庄、再克杨围子。12月13日，进攻黄维兵团东北方向最后据点杨文学庄。是时，黄维对所部下达死命令：“战则生，退则死。”将军所部进攻失利，伤亡严重。当此关头，陈赓将军前来督战，安慰将军说：“这一战打完了，损失多少兵我给你补多少兵。”将军以手附陈赓耳曰：“不必，我还有一个十旅呢。”盖其于豫西第十旅留守处和教导队埋伏了数千将士，以备关键时刻用。陈赓将军大喜，挥拳击其胸：“你这小子！”是役，终克杨文学庄，黄维兵团被歼。将军晚年常曰：“黄维虽不是我旅捉的，但他是被老子打垮的！”

解放战争期间，周希汉将军率部共击毙和擒获六十一名国民党将军，大多为生擒，其中有八名两星上将。如国民党第八兵团司令汤尧、“粤桂边剿总”司令喻英奇和黄正诚、邱行湘等著名将领。

周希汉将军与冯牧友善。解放战争时期，时任新华社记者的冯牧至将军所在部队采访，周希汉将军以贵宾待之，配以警卫员和马匹饲养员（正团职以上干部的待遇）。行军途中，将军与冯牧骑马并行，将军双手捧书，且行且向冯牧请教。

中华人民共和国成立后，周希汉将军先后任第十军军长，海军参谋长、副司令员等职。将军任海军参谋长职时，曾向海军党委建议在海军机关和高级军官中举行导弹装备技术讲座，并请著名科学家钱学森为海军领导讲课。将军在苏联专家的帮助下，组织了苏制“小火山”型岸基导弹实弹射击试验。某日，周恩来总理向外宾介绍周希汉将军：“中国海军副司令，海军专家周希汉，希汉的中文意思是少有的英雄好汉。”

（本文选自《北京日报》）

秦基伟将军——一把梭镖闹革命

文/佚　名

秦基伟

秦基伟（1914 年—1997 年），湖北红安人。1929 年参加中国工农红军，1930 年加入中国共产党。抗日战争时期，任八路军一二九师游击支队司令员，晋冀豫军区参谋处处长，一二九师新编第十一旅副旅长，太行军区第一军分区司令员兼中共地委书记。解放战争时期，任太行军区司令员，晋冀鲁豫军区第九纵队司令员，第二野战军第十五军军长。1955 年 9 月被中国人民解放军授予中将军衔，荣获二级八一勋章、一级独立自由勋章、一级解放勋章。1988 年 9 月被授予中国人民解放军上将军衔，以及中华人民共和国人民解放军一级红星功勋荣誉章。

一把梭镖闹革命

1914年，秦基伟出生在湖北红安秦罗庄一个农民的家里。父亲秦辉显勤劳厚道、家境不算富裕却也够温饱。八岁时，父母把他送进村私塾读书，指望他能识几个字，好念懂官府的公告，算清收入支出。谁知秦基伟天性好动，受不了私塾先生的约束，经常瞅冷子脚底抹油，溜到外面逮鱼捉虾、引弓游戏。私塾先生先是用竹片狠打手心，两年后打手心也不管用了，一咬牙勒令他退学。因打架丢了学籍，这是他日后十分遗憾的一件事，特别是在抗日战争时期，他痛楚地认识到了没有文化的悲哀，于是他发奋学习，坚持每天写日记，常常对着镜子练演讲，终于成为一个既有赫赫战功同时又有较高文化素养甚至颇有艺术细胞的军事领导人。

秦基伟任中国人民志愿军第十五军军长于朝鲜战场留影

1925年，一场瘟疫，夺走了他父母、哥哥、伯父的生命，十一岁的秦基伟成了孤儿。偌大的农舍里只剩下一个孩子，那真是叫天不应叫地不灵。他白天要下地种田，晚上回来还要自己做饭吃。1927年，外面的世界已是闹哄哄的了，到处都在打土豪分田地。那年的冬天，他正在破屋子里劈柴，他本家的一名堂叔风风火火闯进来喊："还劈个什么柴，闹革命了，还不跟着打县城去！"接着，外面又来了一群衣衫褴褛的庄稼汉子，人人手里拿着梭镖、大刀，喊着口号。秦基伟接过一把梭镖就冲向队伍。这天是1927年的11月13日，秦基伟参加的就是著名的黄麻起义。

秦基伟参加红军后，经过几个月的训练，分到三团机枪连当战士。第一次战斗，是跟国民党第二十军郭汝栋的部队交手。那时他的武器是一根梭镖。他多么渴望有枪啊！看到别的老战士趴在土堆上用枪射击，他急得像热锅上的蚂蚁。没枪，没枪我不会抢吗？他一挺梭镖，大吼一声就冲向敌阵，完全不理会飞来的弹雨，一个敌兵看见秦基伟不要命地冲来，吓得扔了枪就跑。哈哈，得来全不费工夫！秦基伟拣枪如获至宝。"嘿，汉阳造！"他扔了那土里土气的梭镖就用枪打了起来。这次战斗，他崭露头角，被提拔为副班长。没几个月，他又升为班长、排长。

晋中抗日

1937年11月，根据八路军一二九师的命令，太行山区成立了第一支由共产党领导的抗日游击队——一二九师抗日独立支队。因该支队司令员是秦基伟，政委是赖际发，所以又称"秦赖支队”。这期间，日军占领了太原，对附近地区不断进行“扫荡”，烧杀抢掠，无恶不作。

1938年1月4日，日军“扫荡”祁县阎漫村，杀害村民二十三名，奸污妇女四十多人；2月13日，日军占领平遥县城，屠杀城内居民一千多人；3月30日，日军在太谷制造了惨绝人寰的二一八惨案（农历二月十八），杀害群众二百九十多人，三名妇女被轮奸致死，烧毁房屋一千三百多间……噩耗一个接一个传来，在秦赖支队引起了极大的震动。受害者的血泪控诉，让秦基伟怒火中烧筋骨欲裂。他是个血性汉子，向来勇武刚烈，在太行山下，八路军的秦赖支队已是家喻户晓，岂容侵略者如此猖狂？然而又不能轻易出战。国民党精兵利炮，整师整军，尚挡不住日本人的进攻，他秦赖支队仅数千人，武器低劣，弹药奇缺，倘主动出击，会暴露实力，吸引敌人注意力，招致疯狂报复。不能强攻，那就智取。于是，一场全方位地摸敌情、查动向、跟踪敌伪零星分队的活动展开了。秦基伟严令参谋处、敌工站和各县区游击队负责人，务必于近期内掌握为日本人带路、帮凶的罪大恶极的汉奸及日军零散分队的行踪。一切准备就绪，秦基伟终于大开杀戒了。4月2日晚上，太原东南半壁河山度过了惊心动魄的一夜。十个县的军民一起行动，协助秦赖支队派出的捕俘队，一夜之间杀了一百多个罪大恶极的汉奸，所有被杀的汉奸尸体上都有一张标语：凡给日军通风报信带路者均同此下场。落款是八路军秦赖支队。接着，在秦赖支队的辖区内，七十余个日伪据点又同时遭到袭击，二百六十多个汉奸被杀，日军官兵也死伤惨重。此一招，震惊了日本人的魂，吓破了汉奸的胆，敌占区内一片恐慌，日军不敢出门了。

秦基伟指挥作战

血战上甘岭

历史永远记住了这个非同寻常的日子——1952年10月14日3时，范佛里特的“金化攻势”开始了。美七师与韩二师集中了四十架飞机，三百二十多门大口径重炮，一百二十七辆坦克、战车，以罕见的火力密度，炮弹倾泻志愿军阵地，平均每秒落弹六发。在长达一个多小时高密度、高强度的火力准备之后，清晨4时30分，美七师第三十一团、韩二师第三十二团及第十七团一个营，共七个营的兵力，分六路向五圣山前沿597.9高地和537.7高地北山发起猛烈进攻。与此同时，美韩军队又以四个营的兵力向西方山和芝村方向实施进攻，牵制十五军的四十四师部队，分散秦基伟的视线。在十五军约三十公里宽的正面战线上，战斗全线打响。道德洞里，秦基伟的军指挥部像一锅烧沸了的开水，热得冒气。十几部电台同时开机，呜里哇啦地叫个不停。电话铃声也此起彼伏。终于打起来了，而此刻政委谷景生回国参加国庆观礼去了。秦基伟一人扛着军政两副担子，在黑暗中捕捉着来自前方的每一丝信息。很少有主动发出去的信号，多数是被动地接受询问，有志愿军司令部的、有兵团的、有友邻的、也有来自下面的……秦基伟终于在电话里把四十五师师长崔建功抓住了，劈头一句吼得震耳：“是不是上甘岭？敌人有多大兵力，阵地情况怎么样？”然而，崔建功没能明确回答。前线电话线被炸断了，电台被炸毁了，话务员被震死了或震聋了。全时收听的电台里偶尔冒出一句：“敌人的坦克上来了！”“黄河呼叫长江！”

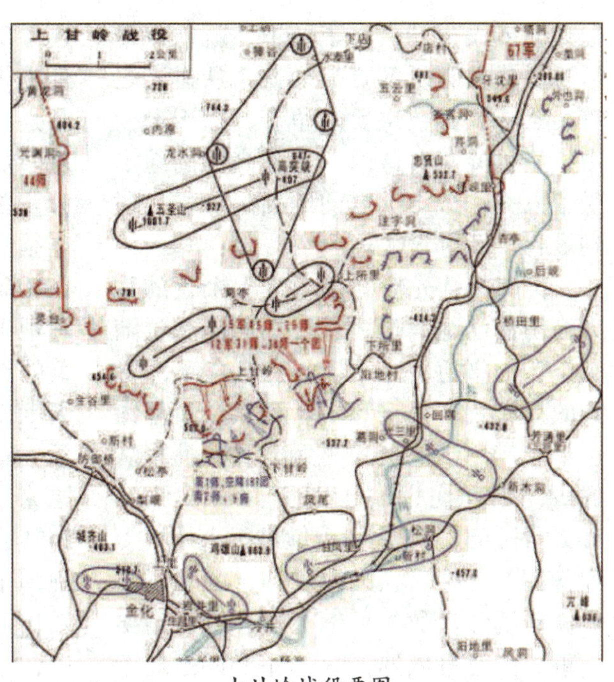

上甘岭战役要图

鏖战了数小时的前沿终于有了消息：当面之敌是美韩军队共七个营，在飞机、坦克、重炮的掩护下，一举猛攻上甘岭左右的597.9和537.7两个高地，抢占意图比较明显。这一天，是秦基伟最为揪心的一天，也是让他平生最难决断的一天。敌人突然攻击，规模之大，火力之猛，手法之狠，都是空前的。尤其是避虚就实，多少有点出乎秦基伟的意料。

在秦基伟的视野里，五圣山是险峻的，是美韩军队很难逾越的屏障。他一直认为，西方山是个脆弱地带，尽管他把用兵重心放在那里，但他依然敏感于西方山的每一声响动。五圣山前沿打起来了。西方山前沿也打起来了。敌在五圣山方向的兵力重于西方山方向，这是否就能说明敌人以五圣山为主而以西方山为次？或许判定敌人虽然重兵攻击五圣山仍意在重兵直取西方山？也没那么简单。战场形势一时扑朔迷离，变幻莫测，捉摸不定。秦基伟决定再等等看，只要没有确凿的事实证明敌人不再攻打西方山，他就不会轻举妄动那里的一兵一卒。他需要时间。可以想象，四十五师一三五团前沿部队的战斗之残酷，旷世罕见。在承受了数万发炮弹的轰炸之后，别说人，连苍鹰和兔子也跑不掉，几百门大炮急射的炮弹像瓢泼大雨般浇过来，侥幸飞出一两只蚊虫，那实在要算是命大的。坑道里的战士耳鸣未绝，又迎来了十几倍于己的敌人。从战斗打响到日暮黄昏，四十五师一三五团前沿部队虽遭重创，但除597.9高地二、七、八号表面阵地及537.7高地北山九号表面阵地被敌军占领外，主峰阵地和其他阵地仍在十五军手中。美韩军队费了九牛二虎之力，抛下千名尸体和伤残之躯，最后只夺去半个上甘岭。

战斗异常惨烈。七天七夜，坐镇道德洞指挥的秦基伟没睡过一秒钟。四十五师师长崔建功也在前沿指挥所里七天七夜没离开，出了坑道，就差点晕厥过去，上厕所都要人搀扶。从血光之灾突然降临到数次反复争夺，七天七夜中，上甘岭左右这两个并不高的高地承受了人类作战史上空前绝后的冲击。拼到最后，只剩下意志了。

美韩军队先后共投入十七个营的兵力，伤亡已逾七千之众。据美国一位随军记者的报道，一个连长点名，下面答到的只有一名上士和一名列兵。秦基伟也十分清楚，他投入的兵力比美韩军队的少，因此伤亡的比例更大。10 月 30 日 22 时，十五军集中重炮进行直接火力准备。五分钟后，火力延伸，第一线步兵佯动诱敌。敌人果然上当，纷纷涌出工事。待时机成熟，秦基伟指挥已经延伸的炮火突然减下标尺，杀了个回马枪。已经展开战斗队形的“联合国军”没有接触到志愿军的步兵，倒被突然收缩的炮火大量杀伤。22 时 25 分，四十五师以十个连的兵力（含坑道内临时的两个连）对占领 597.9 高地表面阵地之敌内外夹击，经过一小时激战，全歼守敌四个连。31 日凌晨，将 597.9 高地全部收复。从 10 月 31 日开始，美韩军队投入大量的兵力，在空军和炮兵的支援下，连续对 597.9 高地进行反扑。黄昏时分，在粉碎敌人最后一次集团冲击时，主峰阵地上空出现了一幕惊人的奇观——昏黄的天空倏然一亮，随着奇特的爆炸声，天上出现了一个巨大的火团，哗啦啦降下一阵带着汽油味的燃烧着的金属碎片。原来是美军一架低空支援步兵冲击的 F-51 强击机，与志愿军一颗弹道很低的炮弹相撞，顿时粉身碎骨。那带着火星、发出啸声的金属雨，正好落在美军人群中，吓得美军士兵抱头鼠窜。志愿军指战员跳出工事和坑道，进行阵前反冲击，大获全胜。对这次奇观，秦基伟有个说法叫作：“人倒霉了喝口凉水也塞牙，仗打顺了地炮也能打飞机。”

（本文选自红潮网）

上甘岭战役